D1693966

Käse Käse

Ein ungewöhnliches Rezeptbuch
von Eike Linnich –
mit ungewöhnlichen Zeichnungen von

Janosch

und dem »Nachruf auf einen Unverweslichen«
von Rudolf Hagelstange

Mosaik Verlag

Redaktion: Dr. Renate Zeltner
Layout: Gaßner & Bischoff

© 1978 Mosaik Verlag GmbH, München / 54321
Gesamtherstellung Mohndruck Reinhard Mohn OHG, Gütersloh
Alle Rechte vorbehalten · Printed in Germany
ISBN 3-570-01921-7

Inhalt

7 Oh Gott, was haben wir ...

9 So hat alles angefangen ...
9 Käse – ein Kind der Natur
10 Was wir von den Griechen wissen
11 Von der Antike bis zur Neuzeit

15 Das ist daraus geworden ...
15 Am Anfang ist die Milch
16 Käse liebt die Kälte nicht
18 Was für Käse und wieviel?
18 So wird der Käsedurst gelöscht
19 Köstlich – und gesund
19 Ordnung muß sein

25 Das sind die Großen im Käseland ...
25 Dänemark
25 Schweiz
25 Italien
26 Niederlande
26 Frankreich
26 Belgien
26 Deutschland

29 ... und so schwelgt der Käsefreund in 126 Käse-Leckerbissen
29 Appetitmacher und hübsche Nebensachen
31 Herzhafte Brotzeiten und Vesper
37 Salate quer durch die Kalte Küche
42 Toast nach klassischen Vorbildern
47 Heiße Suppen zum Aufwärmen
52 Köstliche Soßen – warm und kalt
58 Käsegerichte aus und mit Eiern
60 Hausmannskost mit Tradition
66 Käse als Hauptdarsteller
69 Käse-Soufflés und leckere Aufläufe
71 Gemüse unter duftender Haube
74 Fleisch und Fisch plus Käse
80 Knusprige kleine Käse-Kuchen
81 Pizza und andere pikante Kuchen
84 Zartes Knabbergebäck zum Naschen
86 Quark und Käse in süßer Umgebung

87 Käse schließt den Magen zu

87 Käse als Politikum

89 Weisheiten – im Umgang mit Käse zu genießen

89 Käse in Abzählreimen und Spielen

91 Nachruf auf einen Unverweslichen von Rudolf Hagelstange

93 Register

Oh Gott, was haben wir gekocht zusammen! Und kein Tag ohne Käse. "Keine fromage ohne Käse" sagte mein Mann immer, er war ja oft in Paris. Diplomatischer Dienst sozusagen, ehrlich wahr, und da lernt man ja viel vom guten Leben. "Am Käse erkennt man den feinen Menschen," sagte er immer, "und je mehr Sorten, um so feiner der Mensch." Das stimmt.
Oh Gott, war das eine Zeit mit Bubi. Eines Tages ist er gegangen. Ich habe ihn so geliebt. ♥
ehrlich wahr.

So hat alles ange=
fangen...

So hat alles angefangen...

Was frühmorgens gemolken und tagsüber,
preßt man noch spät am
Abend zu Quark, was im Dämmer gemolken
bei sinkender Sonne,
Früh gehts fort, im Käsekorb bringts der
Hirt in die Städte.
Oder man salzt es ein wenig und hebt
es auf für den Winter.

Vergil, 1. Jh. v. Chr.

Käse – ein Kind der Natur

Einst galt Aristaios, Sohn des Apoll und griechischer Gott, als der Erfinder von Käse. Doch er ist es mitnichten. Denn Käse ist eigentlich keine Erfindung, Käse ist ein Geschenk der Natur. Sie allein machte den ersten Käse. Lange bevor die Menschen schreiben und lesen lernten. Käse muß zu gleicher Zeit von mehreren Urvölkern entdeckt worden sein. Spätestens damals, als die Menschen in der Jungsteinzeit seßhaft wurden, Hütten bauten und anfingen, Viehzucht und Ackerbau zu treiben.

Das ist jetzt rund 10 000 Jahre her. Seinerzeit wurde es auf der Erde gemütlicher. Es war wärmer und rings um das Mittelmeer besonders mild. Pflanzen und Lebewesen entwickelten sich hier besser und rascher als anderswo. Die Menschen siedelten vor allem in einem nördlichen Halbkreis um das Mittelmeer herum, bis in den Raum hinein, der heute Deutschland heißt.

Schon damals gab es Rinder, Ziegen, Schafe, Pferde, Esel und Kamele. Sie hatten reichlich zu fressen und vermutlich mehr Milch als für den Nachwuchs nötig war. Die Hirten begannen, ihre Tiere zu melken. Und wo Milch war, da kann der Käse nicht mehr weit gewesen sein.

Eines schönen Tages werden unsere Urahnen im Magen eines Jungtieres, das gerade Muttermilch gesaugt hatte, eine weißliche Masse gefunden haben – fetten Labquark. Und man wird allmählich daraufgekommen sein, daß Milch sich ohne Zutun schnell verändert, dick wird und eine wäßrige Flüssigkeit absondert. Man kannte also schon Quark und Molke. Damit waren die ersten Käse da, wobei man darüber streiten mag, ob zuerst Lab- oder Sauermilchkäse entdeckt wurde. Weitere Erfahrungen mit dem Naturprodukt Käse dürften bald gefolgt sein. Denn frischer Käse wird durch Trocknen haltbar, wobei Salz und Räuchern unterstützend wirken. Wärme läßt Milch rascher gerinnen und erhitzte Molke scheidet einen weiteren Käse ab, den Zieger nämlich – von quarkähnlicher Konsistenz. Durch Bewegen und Schütteln entsteht aus Milch eine streichfähige Masse – eine Art Butterquark, der Vorgänger der Butter, die ja aus geschlagener Sahne hervorgeht. Kühles Lagern – auch das wird man festgestellt haben – verlängert die Haltbarkeit.

Das alles sind natürliche Vorgänge, die man zuerst gewiß zufällig entdeckte, später aber bewußt zu nutzen begann. Sicher auch und vor allem, um für milcharme Zeiten vorzusorgen.

Altertumsforscher haben in den letzten Jahrzehnten viele neue Erkenntnisse über die Lebensart der Menschen in frühgeschichtlicher Zeit gewonnen. In steinzeitlichen Siedlungen sind schon um das Jahr 8000 v. Chr. Schafe und Ziegen gehalten worden; nachgewiesen ist die Tierhaltung für die Siedlung Catal Hüyük in Anatolien (7. Jahrtausend v. Chr.). Ausgrabungen in Mesopotamien, Ägypten und Troja haben uns ganz neue Informationen gebracht. Aus der El-Obeid-Kultur stammt ein 5000 Jahre alter Fries; er zeigt Männer, die damit beschäftigt sind, Kühe zu melken und Butter oder eine Art Quarkbutter zu machen. Um 2500 v. Chr. entstanden die Reliefs vom Grab des Ti in Sakkara (Ägypten), die Milchtöpfe zeigen, deren Öffnungen mit Kräutern verstopft sind. Wir können sicher annehmen, daß sie für Kräuterfrischkäse bestimmt waren. In Troja schließlich fand man Tonsiebe, die zum Abtropfen frischer Käsemasse benutzt worden sind.

Inzwischen vermuten die Forscher, daß die Anfänge der Käserei bis in die jüngere Altsteinzeit zurückgehen. In der Mittel- und Jungsteinzeit wären die Käsemacher demnach schon beinahe Profis gewesen.

Was wir von den Griechen wissen

Erste Zeugnisse der frühen Käsegeschichte haben wir im Orient gefunden. Jetzt befinden wir uns im letzten Jahrtausend vor der Zeitenwende, wo der Mittelmeerraum einer unvorstellbaren kulturellen Blüte entgegenstrebt. Das Alte Testament entsteht, und Gelehrte aller Wissenschaftszweige schreiben nieder, was sie erforscht haben.
Viel Sagenhaftes fließt mit ein, doch praktische Erfahrungen, technisches Wissen und logisches Denken beherrschen die ökonomischen Schriften jener Zeit, die vor allem von der Kultur der Griechen geprägt wird.
Die Beweise häufen sich, daß Käse inzwischen längst etwas Alltägliches ist. Welche Tradition die Käserei jetzt schon hat und wie sie allgemein gepflegt wurde, beweisen die folgenden Verse aus der Odyssee:

»Alsdann ließ er zum Sitzen sich
nieder und molk seine Schafe,
molk seine meckernden Ziegen
und all dies ganz nach der Ordnung.
Schließlich legte er dann einer jeden
ihr Junges ans Euter,
ließ von der weißen Milch die Hälfte
gerinnen und setzte
sie zum Trocknen hinweg
in dichtgeflochtenen Körben,
während hinwieder in Töpfe
die andere Hälfte er stellte,
daß er sie nehme und trinke und
daß er sie habe zum Nachtmahl.«

Soweit Homer, der große Dichter der Antike. Erwähnenswert auch die Information, die uns Aristoteles (384–322 v. Chr.) vermittelt, der herausgefunden hat, wie tauglich welche Milch für Käse ist und nachweist, daß Milch drei Teile enthält: Nämlich wäßrige Lymphe (Molke), einen festen Stoff (Eiweiß, Käse) und fettigen Stoff (Butter). Aristoteles überliefert uns auch, daß gute Milchkühe bei reichlich Futter und fetter Weide schon eine Amphore (etwa 26 Liter) Milch geben. Er weiß außerdem, welches Futter mehr oder weniger Milch macht und kennt bereits mehrere Stoffe, die Milch zum Käsen bringen: das Lab (im Magen gekäste Milch) von Hirsch, Lamm, Zicklein und Hasen, den Saft des Feigenbaumes sowie die Blüten und Samen distelartiger Korbblütler. Weiter erfahren wir von ihm, daß sich Milch in den ersten Tagen nach dem Werfen nur für die Herstellung von Käse verwenden läßt, wenn man sie aufkocht.

Von den Griechen hören wir auch erstmals etwas über verschiedene Käsesorten. Sie unterscheiden zunächst den Käse von Ziegen, Schafen und Rindern. Darüber hinaus kennen sie aber frischen, neuen, grünen und alten Käse und bezeichnen ihn mit Namen, die die Herkunft angeben.

Man produziert bereits sehr festen und sehr haltbaren Reibkäse und weiß auch weichere Sorten frisch zu halten. So wird Käse zum Beispiel geräuchert, in die Blätter des Arumkrautes eingewickelt oder eingelegt in Salzlake, Essig oder Süßmost. Es gibt auch gewürzten Käse, und man bevorzugt als Würze Kümmel, Thymian, Pfeffer, Sesam und Pinienkerne.

Käse wird damals wahrscheinlich vor allem in kleinbäuerlichen Haushalten gemacht, aber auch schon in größerem Umfang in Gutsbetrieben und auf Musterhöfen hergestellt. Er ist inzwischen zum beliebten Handels- und Tauschobjekt geworden, über Land und über See. Die Griechen der Antike kennen Käse aus Kreta, aus Kleinasien und aus den Alpen, dann die verschiedenen Sorten aus ihren eigenen Provinzen, Unteritalien und Sizilien.

Verblüffend vielfältig ist schon damals die Käse-Küche. Geriebener Käse ist ein beliebtes Gewürz, Kochen und Backen mit Käse sind selbstverständlich. Man kennt Mehlbrei mit geriebenem Käse und Weinmus mit Käse und Mehl, das einem Käsefondue verblüffend ähnlich ist.

Auf den Speisezetteln finden wir unter anderem Käsegebäck mit und ohne Honig, Pasteten mit Käse gefüllt, Käsekuchen, Käsefladen, gebackene Käsescheiben, Käsebrot sowie Gerichte und Brote, die mit Käse überbacken werden. Beliebt ist Käsesalat mit Zwiebelgewächsen und Gewürzen; Käse in der Speisenfolge ist auch im alten Griechenland bereits eine Selbstverständlichkeit.

Von der Antike bis zur Neuzeit

Auch in der übrigen bekannten Welt hatte sich in jenen tausend Jahren vor der Zeitenwende natürlich einiges in Sachen Käse getan. Dem alpinen und gallischen Raum gaben die handwerklich und technisch begabten Kelten ihr Gepräge.

Von einer regelrechten Alpwirtschaft in Persien berichtet ein heiliges Buch aus der Zeit Zarathustras (6. Jh. v. Chr.). Frühe Käsekenntnisse schreibt man auch den Skythen zu, die nördlich des Schwarzen Meeres siedelten und in ihren vereisten Gräbern im Altaigebirge Käse in Pelzbeuteln hinterlassen haben. In Indien war der Käse ebenso bekannt wie in Nordafrika und bei den Germanen.

Um die Zeitenwende beherrschen die Römer weite Teile der damaligen Welt. Sie lebten in Luxus und liebten aufs Äußerste verfeinerte Speisen. Geräucherter Käse war zum Beispiel nur dann ein Gaumenschmaus besonderer Art, wenn er aus dem Delikatessenviertel am Aventin stammte und dort auch seinen Rauch aufgenommen hatte. Viele Speisen lassen die griechische Herkunft ahnen, Polenta taucht als Abendessen auf und weißer Frischkäse spielt in der gesamten Speisenfolge eine übrragende Rolle. *Kaum eine Käsesorte jener Zeit, die nicht in Rom zu haben war.* Das Sortiment war stattlich und umfaßte auch den damals schon begehrten Roquefort. Andere Käsenamen, die uns bis heute erhalten geblieben sind, tauchen erstmals vor rund tausend Jahren auf: Parmesan, Gorgonzola, Pecorino, Appenzeller, Schabziger, Sbrinz, Greyerzer, Emmentaler, Brie, Edamer, Gouda und Chester. Klassische Käsesorten, die bis heute ihren guten Namen bewahrt haben.

Jünger, aber nicht weniger delikat sind Käsesorten, um die sich vor allem Frauen verdient gemacht haben. Marie Harel fand heraus, wie man einen Camembert von gleichbleibender Qualität erzeugen kann. Nach der Käse-Expertin Hanne Nielsen vom Havarti-Hof wurde ein dänischer Käse benannt. Der Tilsiter bekam den Namen der Stadt, in der Frau Westphal käsekundig wirkte. Und der Steinbuscher stammt ursprünglich von einem Gut gleichen Namens, auf dem die Dame des Hauses diesen neuen Käse erfand. Last not least ist der Harzer zu nennen, der berühmte Handkäse, den schon germanische Bäuerinnen so vorzüglich hergestellt haben sollen.

Mit dieser Aufzählung großer Namen sind wir unversehens in der Neuzeit gelandet. Das heißt aber nicht, daß die große Käse-Tradition der Antike im Mittelalter vergessen war. Nur gedieh und reifte er jetzt mehr im Stillen; die Chroniken berichten von Völkerwanderung, Kriegen, Wirren und Pest, von Macht und Herrlichkeit großer Feudalherren; der Käse hat da nur selten Eingang gefunden. Dennoch wurde die Käsetradition bewahrt und fortgeführt. Viele Klöster haben sich nicht nur um Bildung und Wissenschaft, um Weinbau und Brauereiwesen, sondern auch um den Käse verdient gemacht, und selbst in abgelegenen Gegenden wurde Käse produziert. In Holstein entstand im 13. Jahrhundert ein Meiereisystem nach holländischem Muster, das sich auch bei den Dänen und Schweden durchsetzte. Aus »Liebenwerden« wurde im Jahre 1341 »Käsemarkt«, weil der Ort zur Zentrale für den Käse-Export geworden war. Vor allem seit dem Aufblühen der Städte und des Handels war und blieb Käse ein wichtiges Handelsobjekt.

Kaum eine Kostbarkeit dieser Zeit, die nicht in Rom zu haben war.

14 Der Kirchenzehnte, den Klöster und Geistlichkeit kassierten, bestand auch aus Käse.

In der Neuzeit bekommt die Käserei ganz neue Impulse durch Wissenschaft und technische Forschung. Die ersten Molkereischulen entstehen, und mit fortschreitender Technisierung wird Käse mehr und mehr ein Anliegen von zentral gelegenen Meiereien, die große Mengen Milch rationell zu Käse verarbeiten können.
Fachleute verstehen es von Jahr zu Jahr besser, Käse von gleichbleibender Qualität zu erzeugen. Ausländische Käsesorten werden größtenteils auch im eigenen Land produziert, um teure Transportwege zu umgehen. Experten aller Käseländer bemühen sich, Qualitätsnormen zu finden und den Käsemarkt übersichtlich zu gestalten.

Das ist daraus geworden...

Wenn man frisch käsz machen will,
so zerstoszen etlich pynenkernen,
und also mit der milch gerönnen,
etlich pulver von kümel,
also von allen dingen,
deren geschmack dich lustet zu mengen,
auch von allen edelen gewürzen,
als pfeffer, cinamoni, ymber.

Petrus de Crescentiis, 1531

Am Anfang ist die Milch

Milch wird zu Käse – heute wie seit vielen tausend Jahren. Beispielsweise verarbeiten die Nomaden ihre Milch immer noch so, wie es im Alten Testament und im Talmud geschrieben steht. Aber das ist natürlich nicht die Regel, denn Käse wird jetzt fast ausnahmslos in mittleren bis großen Molkereien gemacht; nach wissenschaftlich exakten Methoden, die gleichbleibende Qualität garantieren. Käsezubereitung, wie sie Petrus de Crescentiis oben empfiehlt, bleibt also dem Käseliebhaber als Privatvergnügen vorbehalten. Am Anfang jeder Käsezubereitung steht nach wie vor die Milch – von Kamelen, Rentieren, Rindern, Schafen und Ziegen. Dabei liefern Rinder den Löwenanteil des weißen Saftes, pro Kuh und Jahr fast 5000 Liter. Klima, Boden, Rasse und Fütterung bestimmen die Qualität der Milch, die besonders gut sein muß, wenn Käse daraus werden soll. In der Molkerei angekommen, wird sie geprüft, gereinigt und meistens auch pasteurisiert. Danach stellt man mit Sahne und Magermilch die Mischung her, welche genau die Fettmenge enthält, die für den gewünschten Käse nötig ist. Der Molkereifachmann bestimmt den natürlichen Gehalt an Milchsäure und legt fest, was noch hinzugefügt werden muß, damit die Milch in der gewünschten Weise und Zeit dick wird und gerinnt. Reine Kulturen von Milchsäurebakterien, Hefe- und Schimmelpilzen sowie Lab und Wärme sind die natürlichen Mittel, die Milch in Molke und Bruch scheiden. Überwiegen dabei Milchsäurebakterien, entstehen Sauermilchkäse wie z. B. Harzer, Mainzer Handkäse, Olmützer Quargel, Bauern- oder Kuhkäse u. a. Kommt hauptsächlich Lab hinein, ist die Milch auf dem besten Weg, einer von den vielen Süßmilchkäsen zu werden. Genau im richtigen Moment muß der Käsebruch weiter bearbeitet werden. Auf ganz unterschiedliche Weise, weil ja vielerlei Käsearten daraus entstehen sollen. Geformt und teilweise gepreßt werden sie auch in ein Salzbad getaucht, damit der Käse seine Rinde und die rechte Würze bekommt, und damit das Salz die dann folgende Reifung wie gewünscht beeinflußt. Während dieser Zeit entstehen die berühmten Löcher im Käse. Unter seiner festen Rinde vergärt Milchzucker in Milchsäure und erzeugt dabei Kohlensäuregase, die Blasen bilden und sich in der Käsemasse mehr oder weniger breit machen. Natürlich trifft das nur für große Käselaibe wie Emmentaler zu, der 3 Monate und länger reifen

muß. Anders die kleinen Weichkäse, die von außen nach innen reifen und schon nach knapp 2 Wochen fertig sind.
Ungereift sind Quark und Frischkäse, die man, z. B. nach folgendem Rezept, selbst herstellen kann:

Rahmfrischkäse

Dafür mindestens 1 Liter süße Sahne in eine weite Schüssel geben. Mit einem Tuch bedeckt an der Sonne oder in Heizungsnähe stehen lassen, bis sie sauer und dick ist. Ein sauberes Leinentuch in ein Sieb legen und die Sahne hineingeben. Die Zipfel des Tuches zusammenfassen und zusammenbinden. _Über einer Schüssel hängend abtropfen lassen,_ bis der Käse ganz trocken ist. Dann in kleine Stücke schneiden und gut zugedeckt im Kühlschrank aufbewahren. Bis zu einer Woche haltbar.

Käse liebt die Kälte nicht

Die Beduinen mischen Quark mit Kräutern und formen ihn zu Klößen, die sie auf ihren Zeltdächern trocknen und dann unter Olivenöl aufbewahren. Auch die Spanier pflegen noch den uralten Brauch, Käse in Olivenöl frisch zu halten. Wie sehr sich unsere Urur...urgroßeltern mit dem Problem der Aufbewahrung von Käse beschäftigt haben, beweist auch das Buch »De re rustica« (Über die Landwirtschaft) von Columella, das 1491 erschienen ist. Wir können die handschriftliche Ausgabe noch heute in der Landesbibliothek Stuttgart bewundern und darin etwas über das Einmachen von Käse finden: »Trockenen Schafskäse vom vorigen Jahr in große Stücke schneiden, in ein mit Pech versiegeltes Gefäß legen und mit bestem Most bedecken. Dabei mehr Wein als Käse hineinfüllen und das Gefäß anschließend sofort vergipsen. Nach zwanzig Tagen wieder öffnen und den Käse beliebig gewürzt verzehren, oder auch unverändert genießen.«
Heute und hierzulande ist der Umgang mit Käse wesentlich einfacher. Wir können und sollten Käse am besten frisch gekauft verwenden, weil fast jede Sorte optimal gereift zu haben ist und durch die weniger vollkommene Lagerung im Kühlschrank nicht besser wird. Dabei gilt generell, daß Käse luftig verpackt, kühl und im Dunkeln, aber nicht kalt aufbewahrt werden sollte. Käsefach oder Gemüseschale sind im Kühlschrank die geeignetsten Plätze.
Am empfindlichsten sind Weichkäse wie Camembert und Brie, die nur etwa 2 bis 3 Wochen ihre Qualität bewahren und angeschnitten innerhalb von 3 Tagen verbraucht sein sollten. Auch Weichkäse mit Rotschmiere, Sauermilchkäse und Blauschimmelkäse sowie Käse in Scheiben sollten wir möglichst nach 3 Tagen verzehrt haben und niemals länger als 1 Woche vorher kaufen. Etwas robuster sind Käse im Stück. Schnittkäse können wir bis 2 Wochen und Hartkäse bis etwa

über einer Schüssel hängend ab= tropfen lassen..

3 Wochen frisch halten, wenn wir sie vor dem Austrocknen schützen. Eine große Ausnahme ist Schmelzkäse, der in der geschlossenen Verpakkung 3 Monate und länger vorrätig sein kann. Zum Einfrieren eignet sich Käse leider nicht sonderlich gut, weil er dabei bröcklig wird, Bedingt tauglich ist vollfetter Schnittkäse, wenn wir ihn nicht länger als 14 Tage einfrieren. Andere Sorten sollten wir nur in den Kälteschlaf versetzen, wenn es Reste sind, die wir später gerieben zum Kochen verwenden möchten.

Was für Käse und wieviel?

Kenner wissen, daß kalter Käse »Käse« ist. Denn Käse ist mit Ausnahme von Schmelzkäse ein Naturprodukt, das sich im kältesten Fach des Kühlschranks sehr wohl erkälten und dabei seinen edlen Charakter und das feine Aroma verlieren kann. Er bewahrt seine Frische am besten bei 10–15 Grad und sollte beim Servieren zimmerwarm sein. Es ist deshalb zu empfehlen, Käse etwa 1 Stunde vor dem genüßlichen Verzehr aus dem Kühlschrank zu nehmen, damit er beim Essen in bester Verfassung ist. Für Käseplatten sollten wir mindestens 3 Sorten von mild bis kräftig anbieten und in den Mittelpunkt ein großes Stück Schnittkäse oder Emmentaler setzen. Weitere wichtige Sorten auf der Käseplatte oder für die Käseparty sind milde Frischkäse, Butterkäse, Camembert und Brie. Und für Gäste, die es kräftiger mögen, sollten auch die würzigeren Blauschimmel- und Rotschmierekäse das Käsebrett schmücken, auf dem sich Käse so wirkungsvoll präsentieren läßt. Für eine Brotzeit mit Käse sollten wir mit 30 bis 50 g pro Person rechnen. Beim Dessert sind etwa 100 g der besseren Auswahl wegen sinnvoll – und für die Käseparty brauchen wir pro Person etwa 200 bis 300 g, weil hier Käse sättigen soll.

Zum Käse schmecken natürlich Brote aller Art. Frische Brote wie Weißbrot, Graubrot, Pumpernickel und Vollkornbrote, die nicht säuerlich sind. Butter gehört selbstverständlich auch dazu und frisches Obst wie Äpfel, Birnen und Trauben, die ihrer Saftigkeit wegen besonders gut zum trockenen Käse passen.

So wird der Käsedurst gelöscht

Welcher Wein zu welchem Käse? An dieser Frage scheiden sich die Geister ein wenig. Doch generell läßt sich sagen, daß zu einer bunten Käseplatte besonders gut ein leichter, fruchtiger Rotwein paßt. Kräftige und herbe sowie schwere Rot- und Weißweine sollten auch zu den entsprechenden Käsesorten, wie Münster und Edelpilzkäse, serviert werden. Je milder der Käse, umso sanfter sollte das Bukett eines Weines sein, wenn beides gut miteinander harmonieren soll. Bier ist das passende Getränk zu den deftigen deutschen Spezialitäten Harzer, Weißlacker und Tilsiter. Außerdem sind angemachte Käse die richtigen Partner für kühles Bier, das möglichst vom Pilsner Typ sein sollte. Köstlich schmeckt mir zum Käse auch jenes Getränk, das der Anfang aller Käse ist: ein kühles Glas Milch. So kommt es eben ganz auf die Situation und den persönlichen Geschmack an; dem einen schmeckt zum Käse dies, dem anderen das. Und was gut schmeckt, bekommt bekanntlich auch gut. Womit wir bei der Bekömmlichkeit von Käse angekommen wären.

Köstlich – und gesund

Generell läßt sich sagen, daß Käse nicht nur gut schmeckt, sondern auch ein sehr gesundes Lebensmittel ist, das uns mit vielen Nährstoffen versorgt, die wir brauchen, um fit zu sein und zu bleiben. Besonders lobenswert am Käse ist, daß er praktisch keine unverdaulichen Stoffe enthält, oft auch keine Kohlenhydrate. Nährstoffe aus Käse werden besonders gut vom Körper ausgenutzt, weil Mikroorganismen Eiweiß, Fett und manchmal auch Kohlenhydrate beim Reifen der Käse schon abzubauen beginnen und unserem Körper diese Arbeit teilweise abnehmen. Käse ist bemerkenswert reich an vollwertigem Eiweiß. Während Eier und Fisch durchschnittlich 15 Prozent, Fleisch etwa 10 bis 20 Prozent und Wurst circa 10 Prozent davon enthalten, liegt Käse mit 20 bis 30 Prozent Eiweißgehalt deutlich an der Spitze. Ausgenommen Frischkäse, der ja mehr Wasser in sich hat, aber immerhin noch auf 10 bis 15 Prozent kommt. Käse aller Art kann also wesentlich dazu beitragen, unseren täglichen Eiweißbedarf von durchschnittlich 60 Gramm zu decken. Beachtlich hoch ist außerdem der Gehalt an Calcium, Phosphor und fettlöslichen Vitaminen wie A, D, E und Carotin. Auch die so wichtigen B-Vitamine 1 und 2 sind im Käse enthalten, in Sorten mit Schimmelrinde werden sie sogar beim Reifen neu gebildet! Vitamin C fehlt im Käse, läßt sich jedoch bei Käsemahlzeiten leicht ergänzen, zum Beispiel durch Obst und Kräuter, die so gut mit Käse harmonieren und zusammen mit ihm auf so angenehme Weise sättigen. Käse stillt außerdem für relativ lange Zeit unseren Appetit. Kartoffeln, Nudeln oder Brot, das möglichst Vollkornbrot sein sollte, ergänzen sich mit Käse zu vorzüglichen Mahlzeiten. Und natürlich auch Gemüse und Salate, wenn Sie das lieber mögen.

Ordnung muß sein

Wie welcher Käse entsteht, ist in unserer Käseverordnung genau festgelegt. Danach gibt es 6 große Gruppen: Hartkäse, Schnittkäse, halbfeste Schnittkäse, Weichkäse, Frischkäse und Sauermilchkäse. Sie werden eingestuft nach ihrem Feuchtigkeitsgehalt in der fettfreien Käsemasse. Die Bezeichnungen sagen uns ungefähr, wie fest oder weich ein Käse ist.
Weiter unterscheiden wir bei den verschiedenen Käsesorten den Fettgehalt in der Trockenmasse. Mager ist Käse mit weniger als 10%, viertelfett

ab 10 %, halbfett ab 20 %, dreiviertelfett ab 30 %, fett ab 40 %, vollfett ab 45 %. Rahmkäse gibt es ab 50 % und Doppelrahmkäse kann 60–85 % Fett in der Trockenmasse enthalten. Also abzüglich der Feuchtigkeit im Käse, die z. B. bei 50 %igem Camembert immerhin die Hälfte des Gewichts ausmacht, so daß dieser Lieblingskäse der Deutschen tatsächlich nur 25 % Fett enthält.

Das Fett ist es auch, das den Käse geschmeidig und so wohlschmeckend macht, da es Geschmacksträger Nummer Eins ist. Je fetter der Käse, desto milder und feiner sein Aroma.

Und nun zu den einzelnen Käsearten von mild bis kräftig, die Sie im Folgenden kennenlernen sollen, damit Sie beim Käsekauf sicher und nach Ihrem individuellen Geschmack wählen können. Auch mag die folgende Einteilung hilfreich für Sie sein, wenn Sie die Rezepte dieses Buches nicht mit den angegebenen, sondern mit verwandten Käsesorten zubereiten möchten.

Quark und Frischkäse

Sie präsentieren sich taufrisch, feinsäuerlich, weich und richtig saftig, weil sie mit etwa 20 bis 45 % nur wenig Trockenmasse enthalten. Die besonders milden Rahm- und Doppelrahmkäse entzücken feine Gaumen ebenso wie der körnige Frischkäse (Cottage-Cheese) und jene Frischkäse, die mit Kräutern, Gewürzen oder Früchten zubereitet werden.

Butterkäse und ähnlich zarte Vertreter

Sie gelten als ideale Frühstückskäse, weil sie meist sehr mild sind. Es sind saftige Käse mit einer Trockenmasse um 50 %, halbfest bis weich und mit ausgesprochen buttrigem Aroma. Sie werden bei uns nach dem Vorbild des italienischen Bel Paese produziert, weitere Verwandte sind zum Beispiel Saint Nectaire, Beaumont, Sarrazin, Mont d'Or und der dänische Esrom mit seinem etwas herzhafteren Geschmack, sowie der berühmte und so überaus zarte Port Salut aus Frankreich.

Von Edam bis Tilsit

Hier geht es um die klassischen und überaus beliebten Schnittkäse, die oft den Namen jenes Ortes tragen, in dem sie ihren Ursprung haben. Mit einem Trockengehalt von 49 bis 57 % gehören sie zu den festen Sorten, die sich gut aufschneiden und vielseitig verwenden lassen, weil sie warm und kalt gleich gut schmecken. Bekannt sind aus dieser Käsesparte die jungen bis mittelalten Gouda und deren Vettern Maribo und Fynbo, die Familie der Edamer, inklusive die ihnen verwandten Steppenkäse wie Danbo und die Gruppe der Trappisten- sowie Geheimratskäse. Frisch und feinsäuerlich schmecken Wilstermarschkäse, kräftiger Tilsiter und die ihm ähnlichen Käse Royalp SWITZERLAND und Havarti.

Wer Gelegenheit dazu hat, sollte auch folgende feste und halbfeste Schnittkäse-Spezialitäten probieren: Cantal, Cayenne mit Pfeffer, Raclette, Pyrenäenkäse, Tybo mit Kümmel, Tête de Moine, Vacherin und bayerischen Weißlacker, der schon leicht scharf schmeckt. Sehr herzhaft ist auch goldgelber alter Gouda, der fast schon ein Hartkäse ist und sich so gut zum Backen und Kochen eignet.

Camembert & Brie

Sie sind empfindlich wie Mimosen, da sie eine kurze Reifezeit haben, die nicht unterbrochen werden sollte. Wir kaufen sie meist noch mit festem Kern, der bei Zimmertemperatur in wenigen Stunden so zart und cremig wird unter der weißflauschigen Schimmelhaut, die bei diesen Weichkäsen mit verzehrt wird. Ihr Trockengehalt liegt zwischen 35 und 52 %, ihnen eigen ist der typische Duft nach Champignons. Frisch haben diese Käse französischen Ursprungs ein ausgesprochen sanftes Aroma, das sich mit zunehmendem Alter rasch verstärkt und kräftig bis scharf werden kann. Es ist deshalb empfehlenswert, Camembert und Brie bei der gewünschten Reife im Käsefach des Kühlschranks zu verwahren, wo wir ihn noch etwa 3 Tage in dieser Qualität erhalten können.

Blauschimmel- und Edelpilzkäse

Sie sind jene halbfesten Schnittkäse mit leicht bröckligem Teig, der von blauen bis blaugrünen Schimmeladern durchzogen ist. Ihr klassischer Vertreter ist der kräftig-würzige und sehr pikante Roquefort, den schon die alten Römer besonders schätzten. Noch ein wenig schärfer mundet unser deutscher Edelpilzkäse und der dänische Danablu, der zudem leicht salzig schmeckt. Wer es milder liebt, sollte von dieser Gruppe zunächst Gorgonzola, Stilton oder Bleu Castello probieren.

Emmentaler und andere Hartkäse

Zu dieser Gruppe gehören die bekanntesten und traditionsreichsten Käsesorten der Welt. Sie reifen viele Monate und sind durch ihren hohen Trockengehalt von 60 % und mehr besonders haltbar. Ursprungsland des Emmentaler ist die Schweiz, die durch ihre Alpwirtschaft Käsegeschichte gemacht hat. Junger Emmentaler schmeckt mild, nußartig und leicht süßlich. Je älter er wird, umso kräftiger wird sein Aroma und umso besser schmilzt er und überzieht die Speisen mit einem unvergleichlich köstlichen Käsemantel. Ihm verwandt sind Greyerzer (Gruyère), Bergkäse und Comté, dem das süßliche Aroma fehlt und der noch aromatischer ist als der Emmentaler.

Klassiker in der Käseküche sind auch die festeren Veteranen, die wir ihrer Würzkraft und Schmelzfreudigkeit wegen zum Reiben bevorzugen. An erster Stelle Parmesan, seltener zu haben Sbrinz SWITZERLAND, Pecorino aus Schafsmilch und weiter Chester und Cheddar, die hauptsächlich in den angelsächsischen Ländern produziert werden.

Käse nach Art der Limburger

Sie sind jene Käse mit rötlicher Schmiere, die ihre Eigenart schon durch den kräftigen Duft verraten, *während ihr butterweiches Herz überraschend mild bis würzig schmeckt.* Wer mag, verzehrt auch die bräunlichgelbe Haut dieser Weichkäse, die wie Camembert und Brie eine Trockenmasse von 35 bis 52 % haben. Namhafte Vertreter dieser Gattung sind Géromé, Munster (Münster), Romadur, und natürlich Limburger, sämtlich Käse, die rasch überreif werden und möglichst schnell verbraucht werden sollten.

Schmelzkäse und Käsezubereitungen

Sie sind die jüngsten Kinder der großen Käsefamilie und sozusagen konservierte Käse. Wenn Naturkäse vollkommen reif sind, werden sie mit Hilfe von Wärme und Schmelzsalzen in ihrer Entwicklung gestoppt und zu besonders haltbaren Sorten verarbeitet, die oft den Namen der Naturkäse tragen, aus denen sie hergestellt sind. Das ist praktisch und theoretisch positiv zu bewerten, weil Käse dadurch noch leichter verdaulich wird. Vorläufer dieser Gruppe sind die altbekannten Kochkäse, die schon früher aus ausgereiftem Quark gemacht wurden. Erst um die Jahrhundertwende wurden erstmals Emmentaler und dann auch Chester zu Schmelzkäse verarbeitet und vom Verbraucher rasch akzeptiert. Heute kennen wir in dieser Sparte viele Sorten, die im Gegensatz zu Naturkäse mit zahlreichen verschiedenen Zutaten wie Kräutern, Gewürzen, Früchten und Fleischprodukten gemischt werden. Dann nennt man sie Käsezubereitungen: schmelzzarte Spezialitäten, die wir schätzen und die in Folien aller Art praktisch verpackt sind, einzeln in Scheiben, als Käsewürste oder in Dreiecken. Oder in entsprechenden Formen, die sich wieder verschließen lassen und den angebrochenen Käse vor dem Austrocknen schützen.

Sauermilchkäse – Kochkäse inklusive

Sie sind vor allem in deutschen Landen traditionsreiche Käse und entsprechend beliebt. Regionale und bundesweite Spezialitäten präsentieren sich in dieser Gruppe mit leicht schmieriger oder durchscheinender Weißschimmelrinde, die den goldgelben Kern dieser würzigen Sorten erkennen läßt. Sie sind sehr bekömmlich, weil sie

..während ihr butterweiches Herz....

so mager sind. Laut Käseverordnung ist ein Trockengehalt nicht vorgeschrieben; sie vereint aber ein ausgeprägter Geschmack, der mit zunehmender Reife immer kräftiger und robuster wird. Für Liebhaber dieser Sorten klingen solche Namen wie Musik in den Ohren: Harzer, Mainzer Handkäse, Olmützer Quargel, Bauern- oder Kuhkäse, Korbkäse, Spitzkäse, Schimmelkäschen, Goldspitzen und gar Leichenfinger. Schmilzt man sie, wird ein streichfähiger Kochkäse daraus.

Käsespezialitäten

Hier noch kurz zu weiteren Käsearten, die bei uns weniger bekannt sind.

Filata-Käse sind sogenannte Brühkäse, für die der Bruch erhitzt wird. Dabei erhalten diese Arten einen schichtartigen, recht elastischen Teig, der sich cremefarben und ohne Rinde zeigt. Frische Sorten sind ganz mild und bei uns gelegentlich in Lake zu haben. Mit zunehmender Reife werden diese Käse immer würziger und fester, so daß sie sich auch reiben lassen. Mozzarella, Provolone und Kaschkawal sind Käse dieser Art, die in vielen Varianten hergestellt werden.

Lake-Käse bestehen meistens aus Schafsmilch. Es sind weiße, weiche und doch schnittfeste Käse, die ein bißchen säuerlich pikant und leicht salzscharf schmecken. Der Feta und frischer Schafskäse in Lake gehören zu dieser Gruppe.

Ziger sind Käse, die aus Molke, Magermilch oder Buttermilch hergestellt werden. Es sind magere Sorten, die durch starkes Erhitzen ausgeschieden werden. Ricotta ist zum Beispiel ein frischer Ziger. Ausgereift ist er gut zum Reiben und Würzen. Wir kennen Ziger mit Kräutern als Kräuterkäse, Schabziger und Zigerstöckli.

aber er ist der Größte in unserm Land!

Das sind die Großen im Käseland...

Rund um den Erdball wird Käse in fast allen Ländern hergestellt. Von etwa 4000 bekannten Käsesorten produzieren die Europäer rund 3,5 Millionen Tonnen – mehr als die Hälfte des Käsebedarfs der ganzen Welt. Sicher deshalb, weil Käse in Europa die größte Tradition hat. Nach Franzosen und Italienern sind die Deutschen die größten Käseliebhaber. Doch auch die Niederlande, Belgien, Dänemark, Norwegen, Schweden, Finnland und natürlich die Schweiz stehen im Käseverbrauch ganz vorne an.

Schweiz

Die Schweizer lieben ihren Käse nicht nur mit und ohne Brot, sie schätzen ihn auch für zahlreiche berühmt gewordene warme Gerichte, allen voran Fondue und Raclette. Der Emmentaler hat hier seinen Ursprung, ebenso wie weitere vorzügliche Käse mit der Bezeichnung SWITZERLAND. Davon sind hierzulande zu haben: Emmentaler, Greyerzer, Sbrinz, Royalp, Appenzeller, Vacherin Mont d'Or, Vacherin fribourgeois, Tête de Moine und Raclette.

Dänemark

Unsere Nachbarn im Norden sind in den letzten Jahrzehnten besonders rege gewesen und haben Sorten nach europäischen Vorbildern entwickelt, die einen so starken Eigencharakter haben, daß sie laut Käseverordnung von 1951 eigene Namen führen dürfen. Danablue oder Danish blue cheese entstanden nach dem Rezept des Roquefort. Tilsiter verwandelte sich in Havarti, Gouda in Maribo und Fynbo, Port Salut in Esrom, Edamer in Molbo, Steppenkäse in Danbo. Weitere Käse aus Dänemark, die man sich merken sollte, sind Grana, Colby, Samsø, Tybo, Elbo, Svenbo, Molbo, Fontina. Die beiden ersten sind Hartkäse, alle übrigen Schnittkäse.

Italien

Wie gut Nudeln und Käse zusammenpassen, haben wir von den Italienern gelernt, die in der Zubereitung dieser Gerichte Meister sind. Entsprechend oft ißt man dort Spaghetti mit Parmesan und ähnliche Köstlichkeiten. So hat man ein Stück würzigen Reibkäses immer im Haus, um ihn frisch über die Speisen zu reiben. Nicht nur über Teigwaren, sondern auch über Suppen und Gemüse wie zum Beispiel Spargel, den wir auch einmal so probieren sollten. Je nach Gegend hat der Parmesan überall seinen eigenen Namen. In Italien zuhause sind auch die berühmten Bel Paese, Mozzarella, Provolone und nicht zuletzt der edle Gorgonzola, der aus der Milch von Ziegen oder Schafen hergestellt wird.

Niederlande

In Küstenländern wie hier sind die besten Schnittkäse zuhause. Man verwendet sie warm und kalt für herzhafte Gerichte, die durch das zarte Aroma der Käse erst rund und gut werden. Zum Beispiel durch die berühmten Gouda und Edamer, die nach ihrer Heimatstadt benannt sind und inzwischen weit über die Grenzen des Landes hinaus geschätzt werden. Die Holländer sind Weltmeister im Exportieren ihrer Käse, die in fast allen Ländern der Welt zu haben sind. Allein im letzten Jahr wurden 248000 Tonnen ins Ausland verfrachtet, davon allein 100000 Tonnen nach Deutschland.

Frankreich

Im Land der klassischen Küche hat Käse in der Menüfolge seinen festen Platz am Ende der Mahlzeit. Doch auch in der warmen Küche versteht man ihn vorzüglich zu verwerten. Etwa für berühmte Spezialitäten, wie Pariser Zwiebelsuppe, zarte Soufflés und die köstliche Sauce Mournay. Auch im Käsemachen sind die Franzosen große Meister. Camemberts und Bries, der edle Roquefort und der würzige Romadur haben in Frankreich ihren Ursprung.

Belgien

In dem Land zwischen Frankreich und den Niederlanden ist die Käsetradition nicht minder ehrwürdig. Man produziert dort Gouda ebenso wie Camembert in guter Qualität, außerdem Cheddar, Emmentaler, halbfeste Schnittkäse wie St. Paulin und Plateau, Frischkäse und Weichkäse wie Brie und Herve. Aus der Grafschaft Limburg stammt der gleichnamige Käse: weich, mit Schmiere und besonders köstlich. Übrigens ein Hochgenuß zu heißen Pellkartoffeln!

Deutschland

In den letzten 5 Jahren ist der Käseverzehr in der BRD um 17% auf rund 12,3 kg pro Kopf und Jahr geklettert. Kein Wunder, denn wir stehen hierzulande vor einer besonders reich gedeckten Käsetafel. Das Angebot hiesiger Käse ist so vielseitig wie in keinem anderen Land, weitere Sorten von unseren Nachbarn machen die Palette noch üppiger. *Am liebsten essen wir Käse auf Brot, überwiegend abends.* Geschätzt werden auch Toasts aller Art, mit Käse überbackene Gerichte und Käsehappen. Auf dem Vormarsch sind auch Käsesalate, Käsesuppen und Käsegebäck.
An der Spitze des Konsums steht in der Bundesrepublik Schnittkäse mit nahezu 3 kg je Kopf und Jahr. Die milden Sorten wie Edamer werden ganz

am liebsten essen wir Käse auf
Brot abends. Überwiegend. Überw...

besonders bevorzugt. Der Pro-Kopf-Verbrauch des als König der deutschen Käse apostrophierten Allgäuer Emmentaler hat sich in den letzten 10 Jahren mehr als verdoppelt.

Groß ist die Spannweite der Weichkäsesorten; die rustikalen Romadur, Limburger und Münsterkäse sind hier mit Camembert und Brie in einer Gruppe zusammengefaßt. Viele Neuentwicklungen, die in der Statistik unter sonstige Weichkäse rangieren, verbreitern das Angebot von Jahr zu Jahr. Augenblicklich werden rund 35.000 Tonnen Weichkäse jährlich in Deutschland hergestellt. Deutschlands wichtigste Käseländer sind bemerkenswerterweise zugleich auch die bedeutendsten Urlaubs- und Erholungsgebiete des Landes. Käse ist ein Naturprodukt, und ohne Natur gäbe es keinen Käse und folglich keine Erholung.

Die Rangfolge der Länder nach ihrer Käseproduktion sieht so aus: Bayern stellt 44,8 % her, Niedersachsen 16,5 %; in Nordrhein-Westfalen entstehen jährlich 12,6 % des deutschen Käse, in Baden-Württemberg 9,3 %. Hessen behauptet noch einen beachtlichen 5. Platz mit 8,5 %, Schleswig-Holstein erzeugt 4 %. Schlußlichter der deutschen Käseproduktion sind Hamburg, Bremen, Rheinland-Pfalz, Saarland und West-Berlin; sie alle stellen zusammen 4,3 % des deutschen Käse jährlich her.

Bayern liegt also einsam an der Spitze der käseherstellenden Länder. Der meiste Sauermilchkäse kommt jedoch aus Niedersachsen, das diesen Platz vor Hessen behauptet, während bei der Frischkäseherstellung Nordrhein-Westfalen, gefolgt von Niedersachsen und Bayern, dominiert.

...und so schwelgt der Käsefreund in 126 Käse-Leckerbissen

Appetitmacher und hübsche Nebensachen

Die kleinsten Käse-Köstlichkeiten wollen unseren Appetit reizen und uns aufschließen für das, was folgt. Mini-Portionen sind hier also richtig, wann immer sie auch gereicht werden. Beispielsweise auf Empfängen mit Sekt, zur Teestunde am Nachmittag oder als Begleiter Kalter Platten und Büffets. Hier einige der kleinen Nebensachen, die auch zu weiteren Käse-Variationen anregen wollen. Denn Käse läßt sich vielfältig kombinieren. Mit Früchten und sauren Sachen, mit Nüssen und Salzgebäck sowie mit Knäcke und Brot aller Art. Hilfreich beim Anrichten sind Spießchen und Papierkörbchen von Pralinenschachteln, weil sie das Naschen ohne Besteck möglich machen.

Camembert-Spießchen
Passen zu jeder kulinarischen Gelegenheit

Saftige Trocken-Aprikosen erster Qualität auf passende, gebutterte Graubrotscheiben legen. Je ein Stück Camembert daraufgeben und mit einem Spießchen befestigen.

Birnen mit Gorgonzola
Kalt ein Schmuckstück für kalte Platten, warm verheißungsvoll zu einem saftigen Steak

Reife Birnen schälen, längs halbieren und entkernen. Mit Zitronensaft betropfen oder in wenig Weißwein glasig dünsten. Mit einer Creme aus halb Gorgonzola und halb Butter füllen und mit einer Cocktailkrische dekorieren.

Schwarze Käsebissen
Einfach, aber sehr dekorativ

Pumpernickel ganz fein zerkrümeln und mit etwas Edelsüßpaprika mischen. Rahmschmelzkäse mit einem in heißes Wasser getauchten Teelöffel aus der Verpackung stechen. Die so entstandenen Klößchen in der Pumpernickelmischung wälzen.

Käse-Datteln
Pikante Cocktailhappen

Frische Datteln entkernen und mit einer milden Käsecreme füllen. Sie kann aus Doppelrahmfrischkäse, etwas weicher Butter, ein wenig Cayennepfeffer und einigen Tropfen Weinbrand bestehen.

Paprikaschoten mit Käsecreme
Mit Pumpernickel, Butter, Trauben und Oliven anrichten

75 g Blauschimmelkäse,
150 g Doppelrahmfrischkäse, 2 EL weiche Butter, etwas Salz und Pfeffer, 2 Paprikaschoten.

Blauschimmelkäse mit einer Gabel fein zerdrükken, mit Doppelrahmfrischkäse und Butter sahnig rühren. Mit Salz und Pfeffer abschmecken. Fest in entkernte Paprikaschoten füllen, zugedeckt gut durchkühlen. Dann in dünne Scheiben schneiden und hübsch auf einer Platte arrangieren.

Käse-Schlagsahne

Etwa 100 g weiche Butter weißschaumig rühren. Mit 1/8 l steifer Schlagsahne und 125 g geriebenem Emmentaler oder Parmesan locker mischen. Mini-Windbeutelchen damit füllen, Salzgebäck damit bespritzen oder ganz einfach und gut: Neue Kartoffeln dazu essen.

Creme Ohio
Lecker für Kräcker

200 g grob geriebener alter Gouda,
2 EL geriebener Meerrettich, 1 Spritzer Tabasco,
3 EL Mayonnaise, mit Paprika gefüllte Oliven.

Gouda, Meerrettich, Tabasco und Mayonnaise miteinander verrühren. Auf Kräcker oder kleine Schnittchen streichen und jedes Häppchen mit einer halben Olive garnieren.

Pikante Käsekugeln
Zum Aufspießen und zum Naschen

100 g mittelalter Gouda,
100 g gekochter Schinken,
2 hartgekochte Eier, 1 TL Kapern,
1 EL scharfer Senf, 2 EL Mayonnaise,
feingehackte Petersilie.

Gouda fein reiben. Schinken, Eier und Kapern auf dem Brett sehr fein wiegen. Mit Käse, Senf und Mayonnaise mischen, Kugeln daraus formen, in Petersilie wälzen.

Roquefort-Mousse
Mit Toast eine besonders feine Vorspeise

125 g Roquefort, 4 EL trockener Weißwein,
3 Blatt weiße Gelatine, 1/8 l süße Sahne,
Zitronensaft, 1 Prise Salz.

Roquefort fein zerquetschen oder durch ein Sieb streichen. Mit dem Weißwein verrühren, zugedeckt 30 Minuten ziehen lassen. Gelatine in kaltem Wasser einweichen, ausdrücken und in 1 EL kochendem Wasser auflösen. Käsecreme damit verrühren. Sahne steif schlagen, unter die Käsecreme ziehen. Mit ein paar Tropfen Zitronensaft und Salz abschmecken, in eine eckige Form geben und zugedeckt im Kühlen fest werden lassen. In Scheiben geschnitten anrichten, mit Weintrauben und halben Walnußkernen verzieren.

Käsenüßchen
Häppchen für die Käseplatte

250 g weiche Butter, 250 g alter Gouda,
½ TL Worcestersoße, ⅛ TL weißer Pfeffer,
2 EL sehr feingewiegte Petersilie,
250 g Walnußkerne.

Butter sahnig rühren, mit feingeriebenem Gouda, Worcestersoße, Pfeffer und Petersilie mischen. Mit einem in Wasser getauchten Teelöffel Klößchen davon abstechen. Auf Alufolie legen, je 2 Walnußhälften hineindrücken und die Häppchen mindestens 1 Stunde gut durchkühlen und fest werden lassen. So oder zu knusprigen Kräckern servieren.

Emmentaler Käsebutter
Reicht für etwa 35 Kräcker

75 g weiche Butter, 1 Eigelb, 2 EL mittelscharfer Senf, 2 EL süße Sahne,
75 g feingeriebener Emmentaler SWITZERLAND.

Weiche Butter mit dem Schneebesen sahnig rühren. Dabei nach und nach das Eigelb, Senf, Sahne und zum Schluß den Emmentaler hinzufügen.

Seh ich den Käs von Emmental,
dann werde ich sentimental.

Thurgauer Käsecreme
Kann auch mit Sbrinz zubereitet werden

50 g weiche Butter, 1 EL Mayonnaise,
1 TL Kirschwasser, 100 g feingeriebener Royalp SWITZERLAND, 1 hartgekochtes Ei, Salz, Pfeffer, Rosenpaprika.

Butter mit dem Schneebesen sahnig rühren. Mayonnaise, Kirschwasser und Royalp nach und nach hinzufügen. Zum Schluß sehr feingehacktes Ei daruntermischen und die Butter mit Salz, Pfeffer und Rosenpaprika abschmecken. Ein vorzüglicher Aufstrich für Pumpernickel!

Herzhafte Brotzeiten und Vesper

Das sind die kleinen, kalten Mahlzeiten für den guten Appetit. Zwischen Frühstück und Mittagessen ebenso willkommen wie am Abend zum Schoppen oder Bier. Kalte Speisen mit Tradition, die auf vielen Speisekarten zuhause sind.

Angemachter Handkäse

Harzer, Mainzer oder Olmützer Quargel mit einer Gabel fein zerdrücken. Mit ebensoviel weicher Butter mischen und mit Kümmel und Paprika abschmecken. Auf einen Teller getürmt anrichten, mit feinen Schnittlauchringen bestreuen. Zu Schmalzstullen ein besonderer Genuß!

Seh ich den Käs vom Emmentol
dann werde ich sentimentol
(dummer Spruch)

Halver Hahn

Eine rheinländische Besonderheit, die rund um Köln auf jeder Speisekarte zu finden ist. Guter, alter Schnittkäse, mit Senf bestrichen und auf knusprige Roggenbrötchen gelegt. Dazu Zwiebelringe, Salzgurke, Kümmel und Paprika.

Schwäbische Lumpensuppe
Ein deftiger Gaumenschmaus zu einer Semmel mit Butter oder Griebenschmalz

125 g Limburger oder Münster,
125 g Rotwurst, 2 EL Weinessig, 2 EL Öl,
1/8 l lauwarmes Wasser, 1 große Zwiebel,
1 Bund Schnittlauch und Radieschen.

Fast durchgereiften Käse und Rotwurst in feine Stifte schneiden, in einen tiefen Teller geben. Essig, Öl und Wasser gut verquirlen und darübergießen. Mit feinen Zwiebel- und Schnittlauchringen bestreuen und mit Radieschenscheiben belegen.

Brinza de Braila Frecata
Ziegenkäse mit Kräutern und Gewürzen

250 g weißer Ziegenkäse (Feta oder Brînza),
250 g weiche Butter, 3 EL Schnittlauch,
2 EL Fenchel, 2 EL Petersilie,
1 TL Edelsüßpaprika, 1 TL Kümmel, etwas Salz.

Ziegenkäse gut abgetropft durch ein Sieb streichen. Die Butter dazugeben und beides zu einer glatten Creme verrühren. Die feingehackten Kräuter hinzufügen, dabei frischen Fenchel gegebenenfalls durch 1/2 TL feingemahlene Fenchelsaat ersetzen. Den Ziegenkäse mit Paprika, Kümmel und Salz abschmecken. Auf die Mitte einer Platte häufen und ringsum Pikantes wie Radieschen, Frühlingszwiebeln, Oliven und Tomatenschnitze anrichten. Schmeckt mit Schwarzbrot oder Pumpernickel am besten.

**Aus dem Gedicht
Pälzer Handkees**
von Karl Räder

Ich will en Handkees aus m'Häwel,
Schön dorch un duftig, groß un zart.
So wie in Loscht mei Dande Bäwel
Als macht, nooch alter Pälzer Art.
Dambnudelgroß prangt er im Deller
Mit Zwiwelcher un Kimmelkeern. –
Ich geb defor mein letschde Heller!
Ach Gott, wie eß ich Handkees geern! –
Als Sooß en Spritzer Pälzer Rebe,
Dezu en Keidel Baurebrot.
E Kachel weiße Kees danebe! –
Ich eß mich glab noch dran zu dod! –
En Handkees un en Schobbe Neue
Des butzt vun Leib un Seel de Roscht!
Drum Pälzer, loßt's euch nit gereue,
Un fahrt zum Handkeesfescht uf Loscht!

Handkäs mit Musik

ist im Rheingau der Favorit zum Äppelwoi. Wer ihn einmal gekostet hat, weiß wenig später, warum er so heißt!

Reifen Handkäse – Mainzer oder Harzer – ganz oder in Scheiben mit reichlich Zwiebelwürfeln, frisch gemahlenem schwarzen Pfeffer und eventuell Kümmel bestreuen. Etwas Essig und Öl darübertropfen. Zugedeckt etwa 20 Minuten bei Zimmertemperatur durchziehen lassen. Mit Butter und derbem Brot servieren; oder mit heißen Pellkartoffeln.

Bibbeleskäs

nennen die Elsässer und Badener ihren hochgeschätzten weißen Käse

Frischen Magerquark wenig salzen und mit reichlich süßer Sahne cremig rühren. Mittags ist Bibbeles eine so einfache wie gute Ergänzung zu heißen Pellkartoffeln. Abends liebt man ihn zu deftigem Bauernbrot mit Zwiebelwürfeln, feinen Schnittlauchringen und geraspeltem Mairettich.

Kräuterquark-Käse

Blitzschnell fertig und doch so schmackhaft

Gut gekühlten Limburger in feine Würfel schneiden, mit der gleichen Menge fertigem Kräuterquark mischen. Zu Brötchen oder Weißbrot und Sardellenbutter anrichten, vielleicht auch Kapern dazugeben.

Bube und Mädle gehöre zusamme
wie Käse und Brot
                          (Allgäuer Sprichwort)

Sennerbrot

Ein bayerisches Schmankerl besonderer Art

1 Romadur oder 2 Weinkäse, 200 g Salatgurke,
1 Zwiebel, 1 EL Weinessig, 1 EL Öl,
je ¼ TL Salz und Pfeffer, 2 EL gehackte Petersilie,
2 Scheiben Bauernbrot mit Butter,
2 TL geriebener Meerrettich, einige Radieschen.

Käse und Salatgurke ohne Schale und Kerne sowie die geschälte Zwiebel fein würfeln. Mit Essig, Öl, Gewürzen und Petersilie mischen. Butterbrot mit Meerrettich bestreichen und den angemachten Käse daraufhäufen. In mundgerechte Happen schneiden, mit Radieschenscheiben verzieren.

Bube und Mädle
gehöre zusamme
wie Käse + Brot
(dummes Allgäuer Sprichwort)

Liptauer

Angemachter Käse aus Ungarn und Franken, der viele Variationen erlaubt. Nicht zu verwechseln mit Liptauer Brînse aus der Slowakei, einem Schafskäse.

250 g Magerquark, 100 g weiche Butter,
75 g geriebener Tilsiter oder Weißlacker,
⅛ l süße Sahne, 1 TL Senf,
1 TL feingehackte Kapern, 4 EL Zwiebelwürfel,
2 EL Edelsüßpaprika, etwas Salz und Pfeffer.

Quark, Butter, Käse und Sahne zu einer glatten Creme verrühren. Mit den übrigen Zutaten mischen und abschmecken. Im Kühlen durchziehen lassen, mit Paprika bestreut anrichten. Dazu Kümmelbrötchen oder -brot.

Obatzta

Von Käsefreunden auch aus reifem Rotschmierekäse, wie Weinkäse oder Limburger, geschätzt

1 ausgereifter Camembert, 1 EL Butter,
2 EL Zwiebelwürfel, 1 TL gemahlener Kümmel,
je 1 Prise Salz und Pfeffer, 1 EL Edelsüßpaprika.

Camembert und Butter mit der Gabel zerdrücken. Mit den übrigen Zutaten würzen, auf gebuttertem Landbrot anrichten.

Roter Käsequark
Ein pikanter Brotaufstrich

50 g geriebener Sbrinz SWITZERLAND,
100 g Sahnequark,
4 bis 6 EL Tomatenketchup oder statt Ketchup
2 EL Tomatenmark, ¼ TL Salz,
1 Messerspitze weißer Pfeffer und
2 Spritzer flüssige Würze.

Sbrinz und Sahnequark zu einer glatten Creme verrühren. Mit Tomatenketchup würzen. Oder die übrigen Zutaten zu diesem Zweck verwenden. Roter Käsequark ist auch ein pikanter Aufstrich für Kräcker und knuspriges Knäckebrot, das sich mit einem Sägemesser gut in appetitliche Häppchen schneiden läßt.

Salate quer durch die Kalte Küche

Ihre Säure belebt, und Käse als würzende und eiweißträchtige Beigabe macht sie besonders schmackhaft und zu einer vollwertigen Mahlzeit. Salate mit Käse schmecken von mittags bis Mitternacht, Ihnen, Ihrer Familie und Ihren Gästen. Das gilt übrigens auch für Salate, die mit kalten Käsesoßen (siehe S. 52) angemacht werden.

Balkan-Salat
Für alle, die 100 Jahre alt werden wollen

Je 1 rote und grüne Paprikaschote,
250 g Bohnenkerne aus der Dose, 1 Zwiebel,
1 Knoblauchzehe, 3 EL Essig, 6 EL Öl, 1 TL Salz,
½ TL Pfeffer, 1 Prise Zucker, ½ Salatgurke,
2 Fleischtomaten, 150 g Schafskäse,
½ Tasse Schnittlauchringe,
einige Oliven in Scheiben.

Paprikaschoten vierteln, entkernen, in sehr feine Streifen schneiden. Mit abgespülten und abgetropften Bohnen in die Salatschüssel geben. Dazu gewürfelte Zwiebel, zerquetschten Knoblauch, Essig, Öl und Gewürze. Gut mischen, 30 Minuten durchziehen lassen. Gurke und Tomaten halbieren, entkernen und in kleine Würfel schneiden. Zum Salat geben, ebenso zerbröckelten Schafskäse, Schnittlauch und Oliven. Alles gut mischen und bald essen.

Dänischer Käsesalat
Zünftig mit Bier und einem Gläschen Aquavit

350 g Havarti oder ein anderer Tilsiter,
150 g gekochte Pökelzunge, 250 g Tomaten,
½ Salatgurke, 3 EL Mayonnaise, ¼ l saure Sahne,
4 EL Zitronensaft, 1 EL mittelscharfer Senf,
1 TL Curry, 1 TL Zucker, ½ TL Salz, ¼ TL Pfeffer.

Käse, Pökelzunge sowie Tomaten und Salatgurke ohne Kerne in feine Streifen schneiden. Die übrigen Zutaten miteinander verrühren, die geschnittenen Zutaten daruntermischen. Etwas durchziehen lassen, hübsch anrichten.

Käsesalat Waldorf
Köstlich zu kaltem Fleisch und Cumberlandsoße

3 Äpfel, 250 g Sellerie, 3 EL Zitronensaft,
150 g Bergkäse, 100 g Walnußkerne,
2 EL Mayonnaise, 1 EL Tomatenketchup,
1 EL Weinbrand, ¼ TL Salz,
1 Prise Cayennepfeffer, ⅛ l süße Sahne.

Äpfel und Sellerie schälen, in feine Stifte schneiden und dabei das Apfelkerngehäuse zurücklassen. Die Streifen rasch mit Zitronensaft mischen. Bergkäse in Streifen schneiden und grob gehackte Walnußkerne hinzufügen. Mayonnaise mit Ketchup, Weinbrand und Gewürzen verrühren. Sahne steifschlagen, darunterziehen. Vorsichtig unter den Salat heben, danach sofort anrichten.

Käse-Krautsalat
Kräftig, deftig und stärkend

500 g Weißkohl, je 2 rote Paprikaschoten und Peperoni, 3 Zwiebeln, 1 Eigelb,
1 TL scharfer Senf, 1 TL Salz, ½ TL schwarzer Pfeffer, 1 EL Zucker, 1 TL Edelsüßpaprika,
2 EL Weinessig, 6 EL Öl, 300 g Trappistenkäse.

Weißkohl, Paprikaschoten, Peperoni und Zwiebeln putzen und in feine Streifen schneiden. Knapp mit Wasser bedeckt 2 Minuten kochen, im Sieb kalt überbrausen und gut abtropfen lassen. Eigelb, Senf, Gewürze und Essig verquirlen, das Öl löffelweise einrühren. Käse in feine Streifen schneiden, mit der Soße und der Kohlmischung in die Salatschüssel geben. Gut durchmengen und 1 Stunde zugedeckt durchziehen lassen.

Käse-Obstsalat

100 g Doppelrahmfrischkäse, ⅛ l süße Sahne,
1 EL Zitronensaft, 1 TL mittelscharfer Senf,
etwas Salz und Zucker,
100 g Champignons aus der Dose,
100 g blaue Weintrauben, 1 Orange,
1 Staude Chicoree, 2 EL Erdnußkerne.

Frischkäse, Sahne, Zitronensaft und Senf mit dem Schneebesen des Handmixers zu einer sahnigen Creme rühren. Mit Salz und Zucker würzen. Champignons in Scheiben schneiden. Weintrauben halbieren und entkernen. Die Orange schälen, in kleine Stücke schneiden und dabei gegebenenfalls entkernen. Chicoree putzen, in feine Halbringe schneiden. Alle zerkleinerten Zutaten unter die Käsecreme ziehen. Den Salat anrichten und mit gehackten Erdnußkernen bestreuen. Dazu Kräcker oder kleine Scheiben dunkles Vollkornbrot mit Butter reichen.

Dudel, dudel, Leierkasten,
stech die Frau in' Käsekasten!
Stech se nich zu tief,
sonst wird se krumm un schief!
(Berliner Spottvers)

Käsesalat Berlin
Für Parties und als Dessert

150 g Danablu oder ein anderer Blauschimmelkäse, 1 kleine Dose Mandarin-Orangen,
125 g blaue Weintrauben, 2 EL Walnußkerne,
etwa 1 EL Weinbrand.

Blauschimmelkäse in 1 cm große Würfel schneiden, kühl stellen. Abgetropfte Mandarin-Orangen, entkernte Weintrauben und grob gehackte Walnußkerne behutsam mit dem Käse mischen und mit Weinbrand beträufeln. Dazu knuspriges Salzgebäck servieren.

Dudel dudel Giesskasten.
Steck deine Frau in' Käsekasten!
Steck se nich zu tief,
Sonst wird se krumm und schief.
(Berliner Spruch)

Limburger Salat
Herzhaft und besonders gut zum Bier

2 Zwiebeln, 3 EL Öl, 1 EL scharfer Senf,
3 EL Weinessig, je ¼ TL Pfeffer,
gemahlener Kümmel und Salz, 300 g Limburger,
300 g Fleischwurst, 2 Bund Radieschen,
2 hartgekochte Eier.

Zwiebeln schälen, fein würfeln, mit Öl, Senf, Essig und Gewürzen verquirlen. Käse, Wurst und geputzte Radieschen in feine Streifen schneiden, mit der Salatsoße mischen. Kurz durchziehen lassen, anrichten und mit gehacktem Ei bestreuen.

Sommersalat Wilster
Herzhaft und erfrischend

1 EL mittelscharfer Senf, 3 EL Kräuteressig,
4 EL Öl, 1 TL Zucker, je ¼ TL Pfeffer und Salz,
4 EL feingeschnittener Dill, je 125 g Mettwurst und gekochter Schinken in feinen Scheiben,
250 g Wilstermarschkäse, ½ Salatgurke.

Senf, Essig, Öl und Gewürze gut verquirlen, Dill hinzufügen. Wurst, Schinken und Käse in feine Streifen schneiden. Ebenso die geschälte und entkernte Salatgurke. Alle Streifen mit der Salatsoße mischen. 10 Minuten durchziehen lassen, mit Vollkornbrot und Butter essen.

Bunter Salat Havarti

100 g junge Erbsen und 150 g Salatkartoffeln, beides gegart, 2 hartgekochte Eier,
150 g Havarti oder ein anderer Tilsiter,
100 g Cervelatwurst, ¼ Salatgurke,
3 Anchovisfilets, 100 g Mayonnaise,
1 TL mittelscharfer Senf, Salz, Paprika.

Erbsen und feine Würfel von Kartoffeln, Eiern, Tilsiter, Cervelatwurst und Salatgurke in die Salatschüssel geben. Anchovis feinhacken, mit Mayonnaise und Senf verrühren. Mit Salz und Paprika abschmecken und unter den Salat heben. Kurz durchziehen lassen.

Tessiner Käsesalat
Erinnert an sonnige Urlaubstage

300 g Gorgonzola oder ein anderer Blauschimmelkäse, 2 große Orangen,
2 Gewürzgurken, 5 EL Öl, 3 EL Essig,
je 1 Löffelspitze Salz und Pfeffer,
4 EL feingeschnittener Dill,
1 TL feingehackte Kapern.

Käse, das Fruchtfleisch der Orangen und Gewürzgurken fein würfeln. Mit den übrigen Zutaten mischen, 30 Minuten durchziehen lassen. Nach Belieben mit Salatblättern anrichten und mit Sardellenfilets garnieren. Deftiges Bauernbrot oder Roggenbrötchen dazu essen.

Allgäuer Käsesalat

Wird zum bayerischen Wurstsalat, wenn wir halb Käse und halb Wurst, z.B. Mortadella oder Bierschinken, dafür verwenden

1 große Zwiebel, 1 TL Salz, 250 g Emmentaler,
1 EL Weinessig, 2 EL Wasser, 1 EL Öl,
1 Löffelspitze schwarzer Pfeffer,
½ TL gemahlener Kümmel.

Zwiebel schälen, in feine Ringe schneiden, mit Salz mischen und nach 10 Minuten in Küchenkrepp abtrocknen. Mit feinen Käsestreifen und den übrigen Zutaten mischen. Dazu schmeckt gebuttertes Bauernbrot.

Pfirsich-Käse-Salat
Auch mit Birnen oder Aprikosen zu bereiten

6 Pfirsiche, 50 g Danablu oder ein anderer Blauschimmelkäse, 2 EL Mayonnaise,
⅛ l süße Sahne, 2 EL Zitronensaft, 1 TL Zucker,
je 1 Prise Salz und Pfeffer,
50 g gehackte Mandeln.

Pfirsiche kurz in kochendes Wasser tauchen, abziehen, vierteln, entsteinen und in kleine Stücke schneiden. Käse mit der Gabel fein zerdrücken. Mit Mayonnaise, Sahne, Zitronensaft und Gewürzen glatt verrühren. Mit den Früchten mischen, anrichten und mit gehackten Mandeln bestreuen. Mit Toast als Vorspeise servieren. Oder als Beilage zu Brathähnchen oder Wild.

Makkaroni-Salat
Im Sommer ein leichtes Mittagessen

125 g Makkaroni, 450 g tiefgekühlte Erbsen und Karotten, 250 g Danbo oder ein anderer Steppenkäse, 2 EL Mayonnaise, 1 Becher Sahne-Joghurt, 3 EL Zitronensaft, 1 TL Zucker, 1 Spritzer Tabasco.

Nudeln und Gemüse wie empfohlen garen, im Sieb abtropfen lassen. Nudeln in 1 cm lange Stücke schneiden, Käse in ½ cm große Würfel. Mayonnaise mit den übrigen Zutaten verrühren und abschmecken, die vorbereiteten Zutaten daruntermischen. Kühl stellen und durchziehen lassen, nach etwa 20 Minuten servieren. Makkaroni-Salat läßt sich auch variieren und mit Kochschinken zubereiten.

Alli Jahr ein Chäs,
git wenig Chäs.
Alli Jahr es Chind,
git viel Chind.   (Appenzeller Sprichwort)

Toast nach klassischen Vorbildern

Käse und Brot sind seit langem gute Partner. Wir wissen es von den alten Griechen, die Käsetoast schon als warmen Imbiß schätzten. Das ist bis heute so geblieben und im Zeitalter der schnellen Küche besonders aktuell. Weil Toast improvisiert werden kann, schnell fertig und unglaublich variabel ist. Als Zutaten dafür bieten sich vor allem an: Aufschnitt, Schinken und kalter Braten, Tomaten, Gurken, Spinat, Spargel, Mangold, Staudensellerie und Knollensellerie sowie grüne Bohnen, Früchte aller Art und Käse, die gut schmelzen, z. B. alle Schmelzkäse, alle vollfetten Schnittkäse und Emmentaler, der für die warme Käseküche besonders gut geeignet ist.

Mozzarella in Carozza
Käseschnitten mit Anchovissoße

2 Anchovisfilets, 1 EL Kapern, 4 EL gehackte Petersilie, 2 EL Butter, 2 EL Zitronensaft, 16 dünne Scheiben Pariser Brot, 8 dicke Scheiben Mozzarella, 3 Eier, ½ TL Salz, Semmelbrösel, Butter zum Braten.

Anchovis und Kapern fein hacken, mit Petersilie, zerlassener Butter und Zitronensaft mischen, heiß halten. Brot entrinden, je eine dicke Scheibe Mozzarella zwischen zwei Schnitten drücken. Eier und Salz verquirlen, die Schnitten darin wälzen und anschließend in Semmelbröseln wenden. Butter über Mittelhitze in einer Pfanne aufschäumen lassen, die Käseschnitten darin pro Seite 3 Minuten braten. Mit der heißen Anchovissoße übergießen und sofort essen.

Waadtländer Käseschnitten

100 g geriebener Emmentaler SWITZERLAND, 1 Eigelb, je 1 Messerspitze weißer Pfeffer und geriebene Muskatnuß, 3 EL leichter Weißwein, 4 Scheiben Weißbrot, Butter.

Käse, Eigelb, Gewürze und Wein zu einer Paste mischen. Weißbrot rösten, etwas abkühlen lassen. Dann zuerst mit Butter, danach mit Käsepaste bestreichen. Im heißen Backofen überbacken.

Lechtaler Camembert-Semmel

2 Eier, ⅛ l Milch, ¼ TL geriebene Muskatnuß, 2 altbackene Semmeln (Brötchen), etwas Butter, 1 Camembert.

Eier, Milch und Muskat verquirlen. Semmeln quer in 4 Stücke schneiden. In der Eiermilch wenden, bis sie die Flüssigkeit aufgesaugt haben. 4 Scheiben davon in eine gebutterte Form legen, darauf passende Camembertscheiben. Mit den Endstücken der Semmeln bedecken, bei 200 Grad in den vorgeheizten Backofen geben und etwa 10 Minuten überbacken.

Welsh Rabbits

Eine Spezialität der englischen Halbinsel Wales, traditionell Walliser Kaninchen geheißen. Vermutlich, um scherzhaft anzudeuten, daß Käse früher häufiger als Kaninchen zu haben war

150 g grob geriebener Chester, 1 EL Mehl, 1 EL Butter, 4 EL helles Bier, ¼ TL Senfpulver, 1 TL Worcestersoße, 1 Messerspitze Cayennepfeffer, 1 Eigelb, 4 Scheiben Toastbrot.

Chester in einen schweren Topf geben, dazu Mehl, Butter, Bier und Gewürze. Über sanfter Hitze rühren, bis eine glatte Creme entstanden ist. Eigelb in einer Schüssel verquirlen, die warme Käsecreme dazurühren. Brot toasten, auf feuerfeste Teller legen und mit der Creme bestreichen. Kurz überbacken oder unter den Grill schieben, bis der Käse hell gebräunt ist.

Sizilianische Käsebrötchen

Mit Bier oder rotem Landwein zum Abend oder als Imbiß genießen

4 Kümmelbrötchen, ⅛ l Olivenöl, 150 g Frischrahmkäse, 4 Scheiben Tilsiter, 1 EL mittelscharfer Senf, je ¼ TL fein zerriebener Majoran, schwarzer Pfeffer und Salz.

Brötchen durchschneiden, mit der Schnittfläche kurz in Öl tauchen. Rinden mit dem übrigen Öl einfetten. Die Unterteile mit Frischrahmkäse bestreichen. Tilsiter darüberlegen, mit Senf bestreichen und mit den Gewürzen bestreuen. Die Oberteile der Brötchen darauflegen. Sizilianische Käsebrötchen in eine feuerfeste Form mit Deckel setzen, zugedeckt bei 220 Grad 15 bis 20 Minuten backen.

Käse-Bananen-Toast

Weißbrot toasten, abgekühlt mit Butter bestreichen. Dünne Scheiben gekochten Schinken darauflegen, darüber Bananenscheiben. Wenig Pfeffer und etwas Curry darüberstreuen, die Schnitten mit dicken Scheiben Butterkäse oder Steppenkäse zudecken. Bei 175 Grad etwa 15 Minuten überbacken, bis der Käse zerläuft.

Käsetoast Williams

Toastbrot rösten, kalt buttern und mit Kasslerscheiben belegen. Je 1 EL Preiselbeerkompott daraufgeben und eine halbe Kompottbirne darüberstülpen. Mit dicken Goudascheiben zudecken, bei 175 Grad 10 Minuten backen.

Spargeltoast

Weißbrotscheiben mit Butter und Senf bestreichen, hauchdünne Schnitten Parma-Schinken darauflegen, darüber gegarte Spargelstangen. Mit

Cayennepfeffer bestreuen und dicke Scheiben Reblochon oder Butterkäse darauflegen. Im vorgeheizten Backofen bei 225 Grad knapp 10 Minuten überbacken.

Gebratene Käseschnitten
Werden in der Pfanne zubereitet

1 Zwiebel, 1 Knoblauchzehe, 1 Pfefferschote, 2 Tomaten, 1 kleine Zucchini, 2 EL Olivenöl, ½ TL Majoran, ¼ TL Salz, 8 Scheiben Kastenweißbrot, Butter, 8 Scheiben Raclette oder Butterkäse.

Zwiebel und Knoblauch schälen, fein hacken. Pfefferschote, Tomaten und Zucchini vierteln, entkernen und in Würfel schneiden. Alles 3 Minuten in erhitztem Olivenöl dünsten, mit Majoran und Salz würzen.
Weißbrot in leicht gebräunter Butter kurz rösten, auf der gerösteten Seite mit etwas Gemüse bedecken und Käse darüberlegen. Dann zurück in die braune Butter geben und auch von der anderen Seite kurz anrösten, während der Deckel der Pfanne geschlossen ist.

Cheeseburger

Halbe Milchbrötchen leicht toasten, mit Chilisoße oder Tomatenketchup bestreichen und je eine Frikadelle oder ein Deutsches Beefsteak darauflegen. Mit dicken Scheiben Bergkäse oder Gouda zudecken und 10 Minuten bei 175 Grad überbacken. Dazu eine Gewürzgurke essen.

Tomaten-Schnitten

Geröstete Weißbrotscheiben kalt buttern und mit dicken Scheiben Edamer oder Wilstermarschkäse bedecken. Tomatenwürfelchen ohne Kerne darüberstreuen, mit Salz, wenig Knoblauchpulver und Oregano würzen. Bei 175 Grad etwa 15 Minuten backen, mit feinen Schnittlauchringen bestreut servieren.

Golden Buck
Käsetoast amerikanisch

⅛ l Rotwein, 1 TL mittelscharfer Senf, ¼ TL Edelsüßpaprika, 250 g geriebener Chester, ½ l Wasser, ⅛ l Essig, 4 Eier, 4 Scheiben Toastbrot, Butter.

Rotwein, Senf und Paprika erhitzen, mit dem Käse verrühren. Wasser und Essig aufkochen, die Eier einzeln in eine Tasse aufschlagen und behutsam ins Essigwasser gleiten lassen. 5 Minuten ziehen lassen, herausheben. Brot toasten, abgekühlt buttern. Je ein Ei darauflegen, mit Käsecreme bedecken. Bei 200 Grad in den vorgeheizten Backofen schieben und 10 Minuten überbacken.

Danablu-Toast-Schnittchen
Weil warm der Käse so gut duftet

Weißbrot rösten, mit Butter bestreichen und mit etwas Rosenpaprika bestäuben. Die Scheiben mit Danablu belegen, in je vier Dreiecke schneiden, mit einer Mandel schmücken und kurz überbacken, bis der Käse zu zerlaufen beginnt.

Krabbentoast mit Schneehaube
Eine exquisite Vorspeise

4 Scheiben Weißbrot, 2 Eier, 1 TL milder Senf, ¼ TL Salz, 1 Messerspitze Muskatblüte und weißer Pfeffer, 6 EL Öl, 1 TL Zitronensaft, 150 g Krabbenfleisch, 75 g geriebener Steppenkäse.

Weißbrot toasten und abkühlen lassen. Eigelb mit Senf, Gewürzen, Öl und Zitronensaft cremig verrühren, das Krabbenfleisch daruntermischen. Auf die Weißbrotscheiben verteilen und mit einer Schneehaube bedecken, für die fester Eischnee von 2 Eiweiß mit dem geriebenen Käse gemischt wurde. Den Krabbentoast unter den glühenden Grillstäben oder im heißen Ofen überkrusten, bis die Haube hell gebräunt ist.

Käse-Croutons Provençales
Besonders delikat zu klarer Bouillon

125 g Mayonnaise, 1 EL Tomatenmark, 1 TL scharfer Senf, 50 g geriebener Greyerzer, 2 Knoblauchzehen, 1 Messerspitze Cayennepfeffer, 1 Pariser Stangenbrot.

Mayonnaise, Tomatenmark, Senf und Greyerzer in eine Schüssel geben. Geschälten Knoblauch darüber auspressen. Alles cremig verrühren und mit Cayenne schärfen. Brot in sehr dünne Scheiben schneiden, mit der Creme bestreichen und bei etwa 200 Grad im Backofen überkrusten. Oder kurz unter dem Grill rösch werden lassen.

Croque Monsieur
Kleiner Imbiß oder Abendbrot

Pro Person zwei dünne Weißbrotscheiben mit einem milden Senf bestreichen. Jede Scheibe mit einer gleichgroßen Scheibe Emmentaler belegen und dazwischen eine passende Scheibe Kochschinken legen. Die so entstandene Klappstulle in gebräunter Butter beidseitig braten, bis der Käse zu schmelzen beginnt. Heiß servieren und mit gewürzten Tomatenschnitzen garnieren.

Aus dem Landknechtslied »Eidgenoß« von 1514

Käs und Ziger, das war ihr Spis,
Sie zugend her in Heldes Wis
Ihre Seckli uf dem Rugken.
Frisch Wasser war ihr edles Trank,
Sie thatens tapfer schlucken.

Käse sind wie unsere Frauen..

Heiße Suppen zum Aufwärmen

Klassiker unter den Suppen-Kochbüchern beweisen, daß Käse schon lange als würzendes Ingredienz benutzt worden ist. Die mit Parmesan angereicherte Minestrone zeugt ebenso davon wie die Französische Zwiebelsuppe. Und natürlich gibt es noch unzählige Suppen, die durch schmelzenden Käse erst rund werden und eine so angenehme Bindung erfahren. Moderne Schmelzkäse aller Art sind dafür besonders gut geeignet, außerdem die vollfetten Schnittkäse, Chester und Emmentaler sowie dessen Verwandte Appenzeller, Bergkäse, Samsö, Sbrinz und Greyerzer. Herzhafter Schabziger und Parmesan ergänzen die vielfältigen Möglichkeiten zum Verfeinern köstlicher Suppen.

Käse sind wie unsere Frauen.
Grüne Ware, die begehrt man nicht.
Überreife haben zuviel Schärfe.
Drum höre, was ein Weiser spricht:
Nicht zu junge, nicht zu alte
Käse oder Frauen wähle mir!
Nicht mit überfetten oder mageren
den Geschmack verderbe Dir.
Vollfett oder vollschlank mußt Du haben,
das sind wirklich schönste Gottesgaben!
(Kurt Teichert)

Minestra del Paradiso
Bouillon mit Käseklößchen

3 Eier, 3 EL Semmelbrösel, 3 EL geriebener Parmesan, ¼ TL Salz, 1 Löffelspitze geriebene Muskatnuß, 1 ½ l Bouillon (klare Fleischsuppe), 4 EL feine Schnittlauchringe.

Eiweiß zu steifem Schnee schlagen. Eigelb, Brösel, Parmesan, Salz und Muskat nach und nach hinzugeben und daruntermischen. Bouillon aufkochen. Mit einem bemehlten Teelöffel Klößchen abstechen und in die Brühe gleiten lassen. Ziehen lassen, bis sie nach etwa 5 Minuten an die Oberfläche steigen. Die Suppe mit Schnittlauch bestreut anrichten.

Boerenkaas Soep
Niederländische Bauern-Käsesuppe

125 g Zwiebeln, 250 g Möhren, 250 g Kartoffeln, 125 g Sellerie, 250 g Blumenkohl, 2 EL Butter, 1 l Hühnerbrühe, 4 dünne Scheiben durchwachsener Räucherspeck, 4 Scheiben Weißbrot ohne Rinde, 125 g alter Gouda in Scheiben.

Zwiebeln, Möhren, Kartoffeln und Sellerie schälen, waschen und in ½ cm große Würfelchen schneiden. Blumenkohl in feine Röschen teilen und ebenfalls waschen. Butter im Suppentopf zerlassen. Zwiebeln und Gemüse hineingeben und über mittlerer Hitze unter öfterem Wenden 5 Minuten dünsten. Heiße Brühe hinzufügen und bei schwacher Hitze 15 Minuten leise kochen. Inzwischen Speck in einer Pfanne knusprig ausbraten, aus dem Fett heben. Brotscheiben in das Fett geben und von beiden Seiten knusprig braten. Die Suppe mit Salz und Pfeffer abschmecken, in feuerfeste Tassen füllen. Zuerst mit Speckscheiben, dann mit Brotscheiben und zum Schluß mit Käsescheiben bedecken. Noch kurz überbacken, bis der Käse leicht gebräunt ist.

Käsesuppe mit Spinat
Besonders lecker mit geröstetem Brot

1 EL Butter, 1 EL Mehl, ½ l Wasser, 300 g tiefgekühlter Spinat, 4 Ecken Emmentaler Schmelzkäse, 1 TL Salz, je ¼ TL Knoblauchpulver, Zucker, geriebene Muskatnuß und Edelsüßpaprika.

Butter und Mehl im Suppentopf über Mittelhitze verrühren. Wasser hineinquirlen, den Spinat darin auftauen lassen. Käse in der Suppe schmelzen, die dann mit den genannten Gewürzen abgeschmeckt und mit Paprika bestreut serviert wird.

Zuppa alla Pavese
Nach der lombardischen Stadt Pavia benannte Käsesuppe

Für jeden Esser eine Scheibe geröstetes Toastbrot ohne Rinde in eine Suppentasse legen. Ein Ei so daraufschlagen, daß das Eigelb heil bleibt. Die Tassen mit klarer Brühe füllen und je 1 EL geriebenen Parmesan darüberstreuen. Bei 200 Grad in den vorgeheizten Backofen stellen, etwa 10 Minuten überbacken, danach sofort servieren.

Cheddar-Cheese-Soup
Käsesuppe aus Großbritannien

2 Zwiebeln, 2 Möhren, 2 Stengel Bleichsellerie, 2 grüne Paprikaschoten, 3 EL Butter, 2 EL Mehl, 1¼ l Hühnerbrühe, ¼ l Milch, Salz, weißer Pfeffer, 250 g geriebener Chester.

Zwiebeln und Möhren schälen, Sellerie putzen und abziehen, Paprikaschoten vierteln und entkernen. Alles in Streifen schneiden, in Butter glasig dünsten. Mit Mehl bestäuben, mit Brühe und Milch auffüllen. Unter ständigem Rühren aufkochen, mit Salz und Pfeffer würzen. 10 Minuten über schwacher Hitze leise kochen, Käse darin schmelzen lassen. Die Suppe abschmecken und anrichten.

Käsesuppe »Schlag Zwölf«
Wenn die Mittagspause kurz ist

Pro Person 1 Scheibe Weißbrot in eine Schüssel bröckeln. 2 EL Milch, 1 Ei und 2 EL geriebenen Sbrinz SWITZERLAND darübergeben. Etwa ¼ l klare Fleischbrühe aus einem Fertigprodukt

Pro Person eine Scheibe Weißbrot in eine Schüssel...

erhitzen. Die Weißbrotmischung mit einer Gabel bearbeiten, so daß eine glatte Paste daraus entsteht. Die heiße Brühe unter ständigem Rühren dazugeben. Im Suppentopf über schwacher Hitze noch 5 Minuten ziehen lassen, mit Muskat, Pfeffer, Salz und Basilikum abschmecken. Heiß anrichten, mit Schnittlauchringen bestreuen.

Erscht ett Kees, on dann drink Wien.
Dann ward die schmecke de Wien.
(Preußisches Sprichwort)

Französische Zwiebelsuppe
Soupe à l'Oignon

500 g Zwiebeln, 3 EL Butter, 1 EL Mehl, 1 l klare Fleischsuppe, 8 Scheiben Pariser Stangenbrot, etwas Olivenöl, 1 Knoblauchzehe, 100 g geriebener Hartkäse (Emmentaler, auch halb und halb gemischt mit Parmesan).

Zwiebeln schälen und in feine Streifen hobeln. Butter im Suppentopf über milder Hitze zerlassen. Zwiebeln darin dünsten, bis sie goldgelb sind. Mit Mehl bestäuben, Fleischsuppe einrühren, etwa 20 Minuten leise kochen. Inzwischen Brot im Backofen knusprig und goldbraun rösten. Mit Olivenöl einpinseln, mit halbierter Knoblauchzehe einreiben und nochmals kurz rösten.
Die Zwiebelsuppe beim Anrichten über die Brotscheiben schöpfen. Den geriebenen Käse darüber streuen.

Käse - Eierstich
Fein in klarer Bouillon

50 g fein geriebener Sbrinz SWITZERLAND oder Emmentaler SWITZERLAND, 2 Eier, 100 ccm Milch, 1 Löffelspitze weißer Pfeffer, Butter.

Die Zutaten miteinander verquirlen, in ein kleines Schälchen oder eine Tasse geben und *ins heiße Wasserbad setzen.* Knapp siedend in etwa 30 Minuten stocken lassen. Dann in kaltes Wasser setzen, abkühlen lassen, aus der Form lösen und in kleine Würfel schneiden.

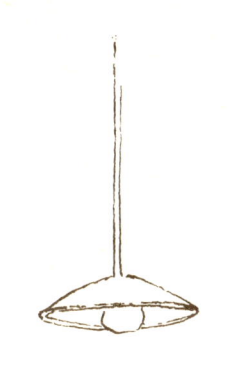

oder lieber in ein <u>kaltes</u> Wasserbad setzen....

Köstliche Soßen – warm und kalt

Warme Käsesoßen sind für viele Gerichte wie das Salz an der Suppe. Das gilt vor allem, wenn würzige Käsesoßen mit Nudeln, Reis oder Kartoffeln kombiniert werden. Vorzüglich sind sie jedoch auch zum Überbacken von Gemüse, Fisch, Fleisch, Aufläufen und Toast. Von geeigneten Käsesorten ist schon in der Einleitung zu den Suppen (S. 47) die Rede gewesen.

Kalte Soßen machen die Salatküche interessanter. Und sie sollen anregen, gewohnte Salatsoßen durch Käse fantasievoll zu variieren. Außerdem präsentieren sie sich hier als Begleiter exzellenter Fleischgerichte.

---

*Je näher die Kuh,
je besser der Käs.*

Dressing von Edelpilzkäse
Für grüne Salate aller Art

75 g Blauschimmelkäse wie Roquefort oder Danablu, 6 EL Öl, 2 EL Weinessig, ½ TL Zucker, ¼ TL schwarzer Pfeffer, 1 Messerspitze Salz.

Blauschimmelkäse durch ein Sieb drücken oder mit der Gabel fein zerquetschen. Mit Öl und Essig glatt verrühren und mit Zucker, Pfeffer und Salz abschmecken.

Errötende Käsecreme
Paßt gut zu kaltem Braten

½ Glas rotes Johannisbeergelee *über sanfter Hitze schmelzen, abseits vom Herd* mit 1 TL scharfem Senf, 1 EL Zitronensaft, je 1 Messerspitze Salz und Pfeffer, 250 g Sahnequark und 2 Eigelb verrühren.

Florentiner Soße
Zu Blumenkohl, Kohlrabi oder Schwarzwurzeln.

2 Zwiebeln, 1 Knoblauchzehe, 50 g durchwachsener Räucherspeck, 150 g tiefgekühlter Spinat, ¼ l Gemüsebrühe, 1 Päckchen Helle Soße für ½ l Flüssigkeit, ¼ l Milch, 1 Eigelb, 1 cm Sardellenpaste aus der Tube, 75 g geriebener Emmentaler oder Parmesan, etwas Rosenpaprika.

Zwiebeln und Knoblauch schälen und fein hacken. Speck würfeln, mit Zwiebeln und Knoblauch andünsten. Spinat und Gemüsebrühe hinzufügen, unter gelegentlichem Umrühren erhitzen. Soßenpulver, Milch, Eigelb und Sardellenpaste verquirlen, zum Spinat rühren und einmal aufkochen. Käse in die Soße geben und abseits vom Herd darin schmelzen lassen. Die Soße mit etwas Rosenpaprika würzen und mit dem abgetropften Gemüse mischen. Nach Wunsch mit noch mehr Käse bestreuen und kurz überbacken.

über sanfter Hitze schmelzen, aber dann abseits vom Herd weiterarbeiten.

Paprikasoße italienisch
Mit Nudeln oder Reis probieren

100 g fetter Räucherspeck, 1 Zwiebel, 1 Knoblauchzehe, 2 grüne Paprikaschoten, 1 große Fleischtomate, 40 g Schafskäse, etwas Salz und Pfeffer.

Speck, geschälte Zwiebel und abgezogenen Knoblauch sehr fein würfeln. In den Soßentopf geben, über mittlerer Hitze zugedeckt 5 Minuten dünsten. Inzwischen Paprikaschoten und Tomaten vierteln, entkernen und ebenfalls fein würfeln. Zu den anderen Zutaten in den Soßentopf geben und weitere 25 Minuten schmoren. Schafskäse hineinbröckeln, gut verrühren. Die Soße mit Salz und Pfeffer abschmecken.

Käse-Rahm-Soße
Zu gekochtem Gemüse, wie Artischocken, Blumenkohl, Spargel und Kohlrabi

¼ l süße Sahne, 125 g Edamer, 1 Knoblauchzehe, 4 EL trockener Weißwein, ½ Tasse feine Schnittlauchringe, Salz, weißer Pfeffer, geriebene Muskatnuß.

Sahne über milder Hitze zum Kochen bringen. Käsewürfel darin schmelzen lassen. Knoblauch geschält und zerquetscht hinzufügen, Wein und Schnittlauch darunterrühren. Die Soße mit Salz, Pfeffer und Muskat abschmecken.

Sauce-Avignon
Zu verlorenen Eiern zu empfehlen

1 Knoblauchzehe, 1 EL Butter, ¼ l Milch, 1 Päckchen Helle Soße für ¼ l Flüssigkeit, 100 g geriebener Emmentaler oder Greyerzer, 1 Eigelb, fein gehackte Petersilie.

Knoblauch schälen, fein hacken und 1 Minute in Butter dünsten. Milch und Soßenpulver dazugeben, unter Rühren aufkochen. Käse und mit etwas Wasser verquirltes Eigelb hineinrühren, Petersilie dazugeben. Die Soße abschmecken. Sauce Avignon auch zu Nudeln, Reis, gedünstetem Fisch oder Blumenkohl reichen.

Grüne Soße Pesto Genovese

6 Stengel Basilikum, 2 Stengel Petersilie, 1 EL Salz, 100 g geschälte Pinienkerne, ¼ l Olivenöl, 2 Knoblauchzehen, 200 g geriebener Sbrinz SWITZERLAND.

Basilikum und Petersilie waschen, abtrocknen und von den Stengeln zupfen. Das zarte Blattgrün in einen Mixer geben, dazu Salz, Pinienkerne und etwas Öl. Gut mixen, bis eine feine Creme entstanden ist. Nach und nach das übrige Öl hinzufügen, ebenso geschälten Knoblauch und Sbrinz. _Grüne Soße bei Tisch löffelweise mit Nudeln aller Art vermischen._

Grüne Soße bei Tisch
teelöffelweise mit Nudeln
aller Art vermischen.

♥

"Ja so!"

Schabziger-Kräutersoße
Für Gegrilltes, zu Fisch und Kochfleisch

1 Stöckli (95 g) Glarner Schabziger, 4 Schalotten, 250 g Sahnequark, 3 EL Öl, 4 EL Milch, etwas Salz, 1 Messerspitze Zucker, ½ TL Edelsüßpaprika, 1 Spritzer Worcestersoße.

Schabziger fein reiben. Schalotten schälen und sehr fein hacken. Sahnequark mit Öl und Milch zu glatter Creme verrühren. Schabziger und Schalotten hinzufügen und die Soße mit den übrigen Zutaten abschmecken. Auch zu Pellkartoffeln probieren.

Sauce Mornay

Einst dem Feinschmecker gleichen Namens gewidmet – heute ein klassischer Bestandteil der französischen Küche. Eine feine, cremige und mildwürzige Soße, die zu vielen Gerichten paßt. Zum Beispiel zu zartem Gemüse und gedünstetem Fisch. Auch als Häubchen und kurz überbacken

2 EL Butter, 2 EL Mehl, ¼ l Brühe von Fisch oder Gemüse, ¼ l süße Sahne, 125 g geriebener Greyerzer, 2 Eigelb, 1 Messerspitze geriebene Muskatnuß, Salz, weißer Pfeffer.

Butter über sanfter Hitze schmelzen, mit dem Mehl glatt verrühren. Brühe und Sahne hinzufügen, unter Rühren zum Kochen bringen. Greyerzer dazugeben und weiterrühren, bis der Käse geschmolzen ist. Eigelb und 3 EL Soße verquirlen, mit der übrigen Soße verrühren – nicht mehr kochen. Die Soße mit Muskat, Salz und Pfeffer abschmecken. Man kann Sauce Mornay auch abwandeln und mit anderem, leicht schmelzendem Käse zubereiten. Mit geriebenem Parmesan, Sbrinz, Emmentaler und grob geraffeltem Schnittkäse wie Gouda. Und natürlich mit Schmelzkäse aller Art.

Pistou
Eine provençalische Soße, die für Gemüsesuppe bestimmt ist. *Jeder mischt sich davon bei Tisch beliebig viel in die heiße Suppe*

5 Knoblauchzehen, 3 TL Basilikum (frisch oder getrocknet), 3 EL Petersilie, 2 fleischige Tomaten, 50 g geriebener Parmesan, 6 EL Olivenöl.

Knoblauch schälen, mit grob geschnittenen Kräutern und entkernten und geschälten Tomaten in einen Mixer geben und fein pürieren. Oder diese Zutaten auf dem Brett sehr fein wiegen und zu einer Paste verrühren. Parmesan und Öl hinzufügen und alles zu einer cremigen Soße rühren.

<u>Pistou</u> ist eine provençalische Soße, die für eine Gemüsesuppe bestimmt ist.

Jeder mischt sich davon beliebig viel in die Suppe!

Käsegerichte aus und mit Eiern

Meist in der Pfanne zubereitet, sind sie die Favoriten der schnellen Küchen, die heute so gefragt ist. Käse macht sie erst vollkommen, gibt ihnen Geschmack und Bekömmlichkeit. Fehlt nur noch ein frischer Salat, der diese Mahlzeiten aufs Köstlichste vervollständigt.

Käse-Eier mit Schnittlauch
Schmecken schon zum Frühstück

Kleinste Förmchen oder stabile Tassen ausbuttern und mit wenig Muskat und Pfeffer ausstreuen. Etwa 1 EL geriebenen alten Gouda hineinstreuen und ein Ei daraufschlagen. Förmchen oder Tassen in ein heißes Wasserbad setzen, knapp zugedeckt 7 bis 10 Minuten leise sieden lassen. Schnittlauchröllchen daraufstreuen. Käse-Eier in den Förmchen servieren.

Überbackene Käse-Eierkuchen

4 Eier, 1/2 l Milch, 250 g Mehl, 1/2 TL Salz, Butter, 250 g geriebener alter Gouda, 1/4 l Sauermilch, 1/2 TL Edelsüßpaprika, 1/8 l süße Sahne.

Eier verquirlen, Milch und Mehl abwechselnd hineinrühren, Salz hinzufügen. Jeweils etwas Butter in einer Pfanne erhitzen, dünne Eierkuchen darin backen. 200 g Käse, Sauermilch und Paprika miteinander verrühren, die Eierkuchen damit bestreichen. Aufrollen und in eine feuerfeste Form legen. Sahne darübergeben, mit dem übrigen Käse bestreuen und einige Butterflöckchen daraufsetzen. Bei 200 Grad in den vorgeheizten Backofen geben und 10 Minuten überbacken. Dazu gibt's knackfrischen Blattsalat oder Tomatensalat.

Käse-Omelette
Fixe Mahlzeit aus der Pfanne

4 Eier, 1/8 l Milch, 1/2 TL Salz, 1/4 TL Pfeffer, 1 Messerspitze geriebene Muskatnuß, 80 g geriebener Emmentaler oder alter Gouda, etwas Butter.

Eier, Milch, Gewürze und Käse verquirlen. Butter in einer nichthaftenden Pfanne erhitzen, die verquirlten Käse-Eier hineingießen und über mäßiger Hitze backen, bis die Unterseite hell gebräunt und die Oberseite noch feucht ist. Dann das 2-Personen-Omelett zusammenschlagen und auf einem vorgewärmten Teller anrichten. Dazu nach Belieben Pikantes wie Rote Bete, Senfgurken oder Silberzwiebeln essen.

Rycher Lüte Töchter
und armer Lüte Chäs
werde nit alt.

(Schweizer Sprichwort)

Elsker dig
Käse-Rührei auf dänische Art

6 Eier, 6 EL saure Sahne,
½ Tasse feingehackte Kräuter (Bohnenkraut, Dill, Petersilie und Schnittlauch),
2 kleine Gewürzgurken, 200 g Steppenkäse,
½ TL Salz, 1 Spritzer Tabasco, etwas Butter.

Eier, Sahne und Kräuter verquirlen. Gurken und Käse fein gewürfelt hinzufügen. Mit Salz und Tabasco würzen. Butter in einer Pfanne schmelzen, Käse-Rührei hineingeben und zugedeckt über sanfter Hitze stocken lassen. Mit Toast und Tomatensalat servieren.

Scheveniger Käse-Eier

100 g Schinkenspeck in dünnen Scheiben,
⅛ l saure Sahne, 1 TL Senf, ¼ TL Salz,
je 1 Messerspitze Cayennepfeffer und geriebene Muskatnuß, 150 g Edamer in Scheiben,
4 Eier, 2 EL geriebener Gouda.

Eine feuerfeste Form mit Speck auslegen, 10 Minuten bei 225 Grad in den vorgeheizten Backofen stellen. Sahne, Senf und Gewürze verquirlen. Edamer über den Speck legen, die Eier aufschlagen und daraufgleiten lassen. Mit Sahnesoße übergießen, mit Gouda bestreuen und auf der unteren Schiene 20 Minuten backen. Heiß mit Salzkartoffeln oder Brot und frischem Salat servieren.

Käse-Rührei
auf Toast oder zu Kartoffelpüree

4 Eier, 4 EL Milch, 150 g geriebener Steppenkäse, je ¼ TL Salz und weißer Pfeffer, Butter.

Eier, Milch, Käse und Gewürze gut verquirlen. Etwas Butter in einer Pfanne über milder Hitze schmelzen. Eier hineingeben und vorsichtig zusammenschieben, während sie stocken. Noch feuchtglänzend anrichten und mit Tomatenschnitzen garnieren.

Quarkpfannkuchen
in süßer oder pikanter Nachbarschaft

250 g Magerquark, 250 g Mehl, ¼ TL Salz,
4 Eier, ¼ l Milch, Butter zum Backen.

Quark, Mehl, Salz und Eier gut mischen, mit der Milch zu einem dickflüssigen Teig rühren. Butter in einer nicht haftenden Pfanne über Mittelhitze bräunen, kleine Pfannkuchen darin backen. Mit Salat oder Kompott servieren.

Hausmannskost mit Tradition

Hier geht es um so einfache und doch gute Speisen wie sie Hausfrauen und auch Kochprofis schon immer geschätzt haben, weil sie unkompliziert und rasch zuzubereiten sind. Käse spielt dabei eine tragende Rolle – er sorgt für die rechte Würze und macht die Mahlzeit komplett.

Käseknödel
Mit Tomatensoße oder Speckstippe und grünem Salat essen

1 Zwiebel, 1 EL Butter, 250 g geriebener Bergkäse, 125 g Mehl, 2 EL feine Schnittlauchringe, 3 Eier, ¼ TL Salz.

Zwiebel schälen, würfeln und in Butter glasig dünsten. Käse, Mehl und Schnittlauch in einer Schüssel mischen. Zwiebel, Eier und Salz hinzufügen, alles zu einem glatten Teig kneten. Etwa 4 cm große Knödel daraus formen, in kochendes Salzwasser legen und in etwa 15 Minuten gar ziehen lassen – aber nicht kochen. Kleinere Käseknödel auch schwimmend im Fettbad ausbacken.

Wenn alles rar und teuer ist,
da esse mer weiße Kes.
Wenn Schuh und Strimp verisse sind,
da fahre mer in de Sches.

Tomaten-Risotto
Eine kleine, schmackhafte Mahlzeit

250 g Rundkornreis, 1 Zwiebel, 6 EL Olivenöl, ½ l Fleischbrühe, 750 g Fleischtomaten, 4 EL gehackte Petersilie, 1 Knoblauchzehe, 100 g geriebener Emmentaler oder Parmesan.

Reis kalt abspülen, mit Zwiebelwürfeln in 4 EL Öl glasig dünsten. Mit heißer Fleischbrühe auffüllen, über gelinder Hitze ohne umzurühren in etwa 30 Minuten ausquellen lassen. Inzwischen Tomaten fein würfeln, mit Petersilie und zerquetschtem Knoblauch im restlichen Öl schmoren, bis die Hälfte verdampft ist. Käse und Reis mischen und darüber das Tomatengemüse anrichten.

Kartoffelpuffer mit Käse
Zeitgemäß und schnell

1 Paket Kartoffelpuffer (4 Portionen), 5 EL geriebener alter Gouda, 1 EL Zwiebelwürfel, 1 EL feine Schnittlauchringe, 2 EL fein gewürfelter Kochschinken, 2 bis 3 EL Butter.

Pufferteig wie empfohlen anrühren und ausquellen lassen. Käse, Zwiebel, Schnittlauch und Schinken daruntermischen. Butter in einer beschichteten Pfanne erhitzen, jeweils 2 EL Teig für einen Puffer hineingeben und etwas breit drücken. Beide Seiten knusprig goldbraun backen. Dazu knackige Rohkostsalate servieren.

Spaghetti Carbonara

250 g Spaghetti, Salz, Öl, 125 g roher Schinken,
3 Zwiebeln, 1 EL Butter, ⅛ l trockener Weißwein,
75 g geriebener Parmesan,
½ Tasse feine Schnittlauchringe,
3 Eier, ½ TL Pfeffer.

Spaghetti in reichlich Salzwasser mit etwas Öl 10 Minuten kochen, im Sieb heiß überbrausen, abtropfen lassen. Inzwischen Schinken und geschälte Zwiebeln fein würfeln. Butter und 2 EL Öl erhitzen, die Zwiebeln darin glasig dünsten. Schinken und Weißwein dazugeben, 1 Minute kochen. In eine Schüssel gießen, mit Parmesan, Schnittlauch, Eiern und Pfeffer kurz verschlagen. Die Spaghetti hinzufügen und daruntermischen. Sofort mit frischem Salat servieren.

Allgäuer Käsespatzen

Ein Gaumenschmaus, wie ihn auch die Schwaben lieben. Mit Eierspätzle aus der Tüte zubereitet ein Schnellgericht

500 g Mehl, 4 Eier, 1 TL Salz,
reichlich ⅛ l Wasser, 1 EL Öl, 3 EL Butter,
400 g geriebener Emmentaler, 4 Zwiebeln.

Mehl, Eier und Salz in eine Rührschüssel geben. Miteinander verrühren, dabei nach und nach das Wasser hinzufügen, so daß ein zähflüssiger Teig entsteht. Reichlich Salzwasser und Öl in einem großen Topf zum Kochen bringen. Den Teig in mehreren Portionen nacheinander durch ein groblöcheriges Sieb drücken. Spätzle leise sieden lassen, bis sie an der Oberfläche schwimmen. Mit einer Siebkelle herausfischen. Spätzle und Käse in eine feuerfeste Schüssel schichten und noch kurz im Ofen wärmen. Inzwischen Zwiebeln schälen und in feine Ringe hobeln. Butter in einer tiefen Pfanne bräunen, die Zwiebelringe darin goldbraun rösten. Beim Anrichten über die Kässpatzen geben. Dazu paßt frischer grüner Salat.

Glarner Knöpfli

400 g Mehl, 1 TL Salz, ¼ l warmes Wasser,
3 Eier, 50 g Spinat, 100 g geriebener Schabziger SWITZERLAND, 50 g Butter.

Mehl in eine große Schüssel geben, eine Mulde hineindrücken. Salz, Eier und Wasser dazugeben. Von der Mitte aus mit dem Mehl verrühren. Anschließend tüchtig kneten, bis der Teig Blasen wirft. Dann zugedeckt 1 Stunde ruhen lassen. Inzwischen Spinat waschen, in Küchenkrepp trockentupfen und fein schneiden. Mit 2 EL Schabziger unter den Teig mischen. Reichlich Salzwasser in einem weiten Topf aufkochen. Den Teig in 4 Portionen nacheinander durch ein Knöpflisieb hineingeben. Ziehen lassen, bis die Knöpfli an der Oberfläche schwimmen, diese mit einer Siebkelle herausnehmen und in einem Durchschlag sammeln. Kurz kalt überbrausen und gut

... so lange aufquellen lassen, bis sie ganz fest ist

abtropfen lassen. Butter in einer großen Pfanne schmelzen, die Knöpfli darin erhitzen. Mit dem übrigen Schabziger in die Servierschüssel schichten. Dazu schmeckt am besten frischer Salat.

Emmentaler Käserösti
Ein Rezept aus dem Bauernhaus

1 kg Salatkartoffeln, 1 TL Salz, ½ TL weißer Pfeffer, 100 g Butter, 150 g geriebener Emmentaler SWITZERLAND.

Kartoffeln am Vortag mit der Schale im festgeschlossenen Topf mit wenig Wasser dämpfen. Kurz unter kaltem Wasser abspülen, pellen und abkühlen lassen. Am nächsten Tag die Kartoffeln grob raffeln oder in feinste Scheiben hobeln. Locker mit Salz und Pfeffer mischen. Die Butter in eine große oder zwei kleine Bratpfannen geben und über mittlerer Hitze aufschäumen lassen. Die Kartoffeln darin 15 Minuten braten, dabei öfters wenden. Dann 100 g geriebenen Emmentaler daruntermischen. Den Pfanneninhalt zu einem flachen Kuchen formen, jede Seite leicht bräunen. Den übrigen Käse darüberstreuen und in zugedeckter Pfanne schmelzen lassen. Käserösti sind besonders gut mit frischem Salat. Man kann natürlich auch gegrilltes Fleisch dazu servieren.

Plente mit Fricca
An der italienisch-österreichischen Grenze von Tirol bis Kärnten zuhause. Ein deftiges Essen, zu dem die Älpler besonders gern frische Milch trinken

1 l Wasser, 1 TL Salz, 250 g Maisgrieß, 60 g Butter, 200 g durchwachsener Räucherspeck, 200 g Emmentaler.

Wasser und Salz aufkochen. Maisgrieß unter Rühren einrieseln lassen und aufkochen. Butter hinzufügen und verrühren. Die Plente (Polenta) über schwacher Hitze *aufquellen lassen, bis sie ganz fest ist*. Inzwischen Speck und Käse in ½ cm große Würfel schneiden. Speck und etwas Wasser in einer Pfanne erhitzen, bis knusprige Würfel in ihrem Fett schwimmen. Käsewürfel dazurühren und zergehen lassen. Plente auf Teller verteilen und die Soße darübergeben. Dazu passen Senfgurken und Perlzwiebeln in Essig.

Kartoffel-Soufflé

1 kg mehlige Kartoffeln, 70 g Butter, 125 g grob geriebener mittelalter Gouda, ¼ l süße Sahne, ½ TL Pfeffer, 1 Löffelspitze geriebene Muskatnuß, 4 Eier, ½ TL Salz.

Kartoffeln in der Schale kochen, heiß pellen und sofort durch eine Presse drücken. Butter, Gouda,

Sahne, Gewürze und Eigelb hinzufügen und gut verrühren. Eiweiß und Salz zu steifem Schnee schlagen, behutsam unter das Kartoffelpüree heben. Den Teig in eine gebutterte Form geben und das Soufflé im vorgeheizten Backofen bei 175 Grad etwa 40 Minuten backen. Sofort danach vorsichtig auftragen, da es rasch zusammenfällt. Kartoffel-Soufflé ist eine feine Ergänzung zu geschmorten Fleischgerichten wie Gulasch und Rouladen. Als weitere Beilage schmecken frische Salate.

Bandnudel-Auflauf mit Quark
Ganz einfach, aber gut

250 g Eier-Bandnudeln, Salz, 1 EL Öl,
500 g Magerquark, 3 Eier, ¼ l Milch,
100 g geriebener Edamer, 1 TL Edelsüßpaprika,
3 EL Semmelbrösel, etwas Butter.

Nudeln in reichlich sprudelndes Salzwasser geben, dem man das Öl hinzugefügt hat. 10 Minuten kochen, *in ein Sieb schütten, kalt überbrausen* und gut abtropfen lassen. Quark, Eier, Milch, Käse, Paprika und etwas Salz glatt verrühren. Die Nudeln daruntermischen, in eine gebutterte Auflaufform geben. Mit Semmelbröseln und Butterflöckchen bestreuen, bei 200 Grad in den vorgeheizten Backofen geben und etwa 40 Minuten backen. Dazu eine leichte Tomatensoße oder geschmorte Fleischtomaten servieren.

Sieb schütteln und kalt überbrausen!

Käse als Hauptdarsteller

In Form von Fondue und Raclette schätzen Feinschmecker in aller Welt diese Köstlichkeiten, die wir daheim oder in Restaurants genießen können. Man trinkt dazu mit Vorliebe trockenen Weißwein, doch schätzen Kenner zu derartig mächtigen Speisen auch kühle Klare und kräftigen Tee. Knuspriges Brot, Kartoffeln in der Schale und herzhafte Beigaben wie Sauergemüse und Früchte steigern die Bekömmlichkeit.

Käsefondue nach Schweizer Art

Das klassische Leibgericht der Schweizer für gemütliche Runden bringt Stimmung und gute Laune in jede Gesellschaft: Alle essen aus derselben Pfanne, man tunkt frische Weißbrotbrocken in das herrlich duftende, heiße Fondue, das mitten auf dem Tisch über einer Spiritus- oder Gasflamme leise köchelt. Wer dabei das Brot von der langen Gabel verliert, lädt zum nächsten Fondue ein oder bezahlt eine Flasche Wein.
Rezept und Brauch sind inzwischen weit über die Grenzen der Schweiz hinaus bekannt und beliebt geworden. Auch die Varianten, die es von diesem gemütlichsten aller Freundschaftsessen gibt. So bereichern die Waadtländer ihr Fondue mit geröstetem, feingeschnittenem Knoblauch, die Glarner verwenden zum Greyerzer noch ein wenig grünen Schabziger für die spezielle Würze, die Tessiner fügen Peperonata bei und die Freiburger schließlich bereiten ihr Fondue mit dem feinen, cremigen Freiburger Vacherin, der ganz langsam mit nur wenig Wasser geschmolzen und mit Pfeffer und Kirschwasser gewürzt wird. Fondue-Phantasie kennt keine Grenzen. Am beliebtesten und traditionellsten in der Schweiz ist aber doch das Fondue nach folgendem Grundrezept für 4 Personen:

200 g Emmentaler und 400 g Greyerzer, grobgerieben oder in ganz feine Scheibchen geschnitten, 4 TL Mehl oder Kartoffelmehl, 1 Knoblauchzehe, 3 dl trockener Weißwein, 1 TL Zitronensaft, 1 Gläschen Kirschwasser, etwas Pfeffer und Muskatnuß.

Zuerst die Fonduepfanne (in der Schweiz Caquelon genannt) mit der geschälten Knoblauchzehe ausreiben. Den Käse mit dem Kartoffelmehl oder Mehl mischen und in die Pfanne geben. Wein und Zitronensaft hinzufügen und alles zusammen bei guter Hitze unter ständigem Rühren mit der Holzkelle aufkochen. Sobald das Fondue kocht, den Kirsch dazugeben und mit Pfeffer und Muskat würzen. Jetzt kommt das Caquelon mit dem Fondue auf den Spirituskocher in die Mitte des Tisches – und der Schmaus kann losgehen. Wichtig: mit jedem Brotbrocken das Fondue umrühren. Also nicht bloß tunken! Pro Person vorher 200 g frisches Weißbrot in mundgerechte Würfel schneiden. Jedes Stück sollte etwas knusprige Rinde haben. Deshalb am besten Pariser- oder Stangenbrot verwenden. Das passende Getränk zu Fondue ist Tee oder Wein. Und zwischendurch gibt's ein Gläschen Kirsch oder einen anderen Klaren. Ist der Schmaus zu Ende, bleibt am Boden der Pfanne eine knusprige Kruste zurück, das Croûton. Man übergießt es mit etwas Kirsch, zündet an und verteilt dann diesen Leckerbissen gerecht unter die Teilnehmer der Fondue-Runde.

Mainzer Fondue
Rustikal und preiswert

500 g reifer Mainzer oder Harzer, 1/8 l Milch, 2 EL Speisestärke, 1/4 l Rheinwein, 1 EL Edelsüßpaprika.

Käse in feine Scheiben schneiden. Mit Milch über mittlerer Hitze rühren, bis der Käse geschmolzen ist. Speisestärke und Wein verquirlen, hineinrühren und einmal aufkochen. Mit Paprika und eventuell einem Schuß Aquavit abschmecken, mit Weißbrot oder Vollkornbrot aufstippen.

Käseschnitzel Alkmaar

400 g mittelalter Gouda, 1 Ei, 2 EL Mehl, 2 EL Wasser, 1/2 TL weißer Pfeffer, Semmelbrösel, Butter zum Braten.

Käse in 1 cm dicke Scheiben schneiden. Ei, Mehl, Wasser und Pfeffer verquirlen. Käse darin wenden, anschließend in Semmelbröseln wälzen und sofort danach in brauner Butter über guter Mittelhitze von beiden Seiten goldbraun backen. Sofort mit einem Zitronenschnitz anrichten und mit Kartoffelpüree und grünem Salat anrichten.

Raclette du Valais

Dieser Name steht gleichzeitig für eine Schweizer Käsesorte und ein Walliser Standardgericht, für das man halbe Käselaibe mit der Schnittfläche gegen das offene Feuer oder die Heizfläche eines speziellen Raclette-Ofens hält. Die schmelzende Käseschicht wird abgestrichen und sofort mit heißen Pellkartoffeln, knackigen Cornichons und sauer eingelegten Perlzwiebelchen gegessen. Dazu trinkt man in der Schweiz Tee oder den heimischen Fendant (Weißwein). Ungeübte machen Raclette ganz einfach so: Feuerfeste Teller im heißen Backofen oder unter den glühenden Grillstäben sehr heiß werden lassen. Etwa 3 mm dicke Raclette-Scheiben auf die Teller schichten und schmelzen – nicht bräunen. Die Teller sofort auf Platzteller setzen und servieren. Als Hauptgericht gedacht, brauchen wir pro Person 150 bis 200 g Raclette und etwa 300 g Kartoffeln. Wer mag, kann diese Spezialität auch variieren und Royalp verwenden.

in einem <u>kleinen</u> Topf über <u>schwacher</u> Hitze schmelzen.

Käse-Soufflés und leckere Aufläufe

Wir lieben Makkaroniauflauf mit Schinken und Käse. Und wir sollten auch andere duftende Gerichte aus dem Backofen nicht zu kurz kommen lassen, weil sie unseren Küchenzettel nur bereichern können. In kleinen Portionen als Vorspeise oder als sättigende Mahlzeit, die am besten von frischen Salaten begleitet wird.

Käsesoufflé
Soufflé au Fromage aus Frankreich

3 EL Butter, 3 EL Mehl, ¼ l Milch, ½ TL Salz, 1 Messerspitze weißer Pfeffer, 4 Eier, 2 Eiweiß, 100 g geriebener Emmentaler, auch Comté oder Gruyère.

Butter <u>in einem kleinen Topf über schwacher Hitze</u> schmelzen. Mehl hineingeben, etwa 1 Minute unter Rühren schwitzen lassen. Milch, Salz und Pfeffer hinzufügen, gut verrühren und aufkochen. Eigelb eins nach dem anderen unter die dicke Creme rühren. 6 kalte Eiweiß zu sehr steifem Schnee schlagen. Etwas davon in die Creme rühren, so daß sie geschmeidig wird. Dann geriebenen Käse, Eischnee und Creme behutsam mischen. Den Teig ¾ hoch in eine gebutterte Auflaufform geben, vielleicht etwas übrig gebliebenen Käse auf die geglättete Oberfläche streuen. Bei 180 Grad in die Mitte des vorgeheizten Backofens stellen und 30 Minuten backen. Danach sofort servieren, weil das luftige Soufflé schon nach wenigen Minuten zusammenzufallen beginnt.

Genfer Kartoffelgratin
Ein Essen für zwei

500 g mehlig festkochende Kartoffeln, ½ TL Salz, ¼ TL Pfeffer, 2 Knoblauchzehen, 80 g geriebener Greyerzer SWITZERLAND, etwas Butter, 4 EL Milch, 1–2 dl Weißwein.

Kartoffeln schälen, waschen, abtrocknen und in feine Scheiben schneiden. Mit Salz, Pfeffer, Knoblauchsaft und 40 g Greyerzer sorgfältig mischen. In eine gebutterte Auflaufform geben. Dazu Milch und soviel Weißwein, daß die Kartoffeln knapp bedeckt sind. Den übrigen Käse darüberstreuen und die Form mit Alufolie verschließen. Bei 200 Grad in den vorgeheizten Backofen stellen und 40 Minuten backen. Dann die Folie abnehmen und den Kartoffelgratin weitere 15 bis 20 Minuten bräunen.
Genfer Kartoffelgratin paßt gut zu allem, was sich mit Knoblauch verträgt, zum Beispiel Lammragout, Rindersteak und Schweinebraten.

Käse her,
wir sind des Fleisches satt!

Ramequin Suisse

Eine Spezialität aus der Schweiz. Ein feines Gericht, das wenig Arbeit macht und in verschiedenen Varianten zubereitet wird. So tränkt man die gerösteten Brotscheiben im Waadtland mit Wein; im üppigen Emmental schichtet man abwechselnd Brot und Käse ziegelartig in die Form, bedeckt das Ganze mit gewürzter Eiermilch und überbäckt das Ramequin im Ofen. Das folgende Rezept ist die Fribourger Variante:

4 Eier, ½ l süße Sahne, 125 g geriebener Greyerzer SWITZERLAND, ½ TL Salz, ¼ TL Pfeffer oder Muskat, 6 Scheiben Weißbrot, 1 bis 2 EL Butter.

Eigelb, Sahne, Greyerzer, Salz und Pfeffer oder Muskat miteinander verquirlen. Weißbrotscheiben in heißer Butter von beiden Seiten goldbraun rösten, nebeneinander in eine flache Auflaufform legen. Eiweiß zu steifem Schnee schlagen, unter die Sahnecreme heben. Diese über das Brot gießen. Sofort bei 175 Grad in den vorgeheizten Backofen stellen und 20 bis 25 Minuten backen. Ramequin ist zusammen mit frischem Salat ein köstliches Abendessen.

Greyerzer Auflauf

1 l Milch, 1 TL Salz, je ¼ TL weißer Pfeffer und Muskat, 125 g Hartweizengrieß, 300 g geriebener Greyerzer SWITZERLAND, 30 g Butter, 5 Eier.

Milch mit Salz, Pfeffer und Muskat aufkochen. Den Weizengrieß einrieseln lassen und dabei mit dem Schneebesen kräftig rühren. Über kleinster Hitze ausquellen lassen, bis der Brei fest zu werden beginnt. Dann Greyerzer und Butter darunterrühren. Den Grießbrei abkühlen lassen, Eigelb daruntermischen. Eiweiß zu steifem Schnee schlagen, behutsam unter den Brei heben. Den Teig sofort in eine gebutterte Auflaufform füllen und in den vorgeheizten Backofen geben. Auf der unteren Schiene 50 bis 60 Minuten bei 175 Grad backen. Greyerzer Auflauf mit viel frischem Kopfsalat oder einem anderen Blattsalat anrichten. Auch Tomatensalat oder Tomatensoße paßt gut dazu.

Gemüse unter duftender Haube

Saftiges Gemüse kann zu einer kompletten Mahlzeit werden, wenn wir es mit schmelzendem Käse oder einer Käse-Soße überziehen und überbacken. Das gilt auch für das Lieblingsgemüse und Kartoffeln, die so prächtig mit Käse jeder Geschmacksrichtung harmonieren.

Porree mit Schinken und Käse

8 Stangen Porree (Lauch),
8 Scheiben gekochter Schinken,
2 EL milder Senf, 2 EL Butter, 2 EL Mehl,
¼ l Milch, ½ TL Streuwürze, ½ TL Zwiebelsalz,
1 Messerspitze Rosenpaprika,
100 g geriebener Emmentaler, Semmelbrösel,
Butterflöckchen.

Porree putzen, vom dunklen Grün trennen (anderweitig verwenden, z. B. für Porree-Kartoffelsuppe) und längs bis zur Mitte einschneiden. Das Gemüse gründlich waschen, mit Salzwasser bedeckt 10 Minuten kochen. Abtropfen lassen. Schinken mit Senf bestreichen, die Porreestangen darin einwickeln. Dicht aneinander in eine feuerfeste Form legen. Inzwischen eine Soße aus Butter, Mehl, Milch und Gewürzen kochen. Mit dem geriebenen Käse mischen und über die Porreestangen gießen. Alles mit Semmelbröseln, Butterflöckchen und nach Wunsch mit noch mehr geriebenem Käse bestreuen. Bei 175 Grad in den vorgeheizten Backofen schieben und in 15 bis 20 Minuten hellbraun überbacken.

Überbackener Chicoree

4 große Chicoreestauden, Salz,
8 dünne Scheiben gekochter Schinken,
1 Päckchen Helle Soße für ¼ l Flüssigkeit,
2 Ecken Rahmschmelzkäse, 1 EL Butter.

Chicoree putzen, längs halbieren und 10 Minuten in Salzwasser kochen. Gut abtrocknen, in die Schinkenscheiben rollen und in eine passende Backform legen. Helle Soße nach Vorschrift kochen, den Rahmschmelzkäse darin schmelzen. Über die Chicoreestauden gießen und ein paar Butterflöckchen daraufsetzen. Bei 200 Grad in den vorgeheizten Backofen geben und 10 Minuten überbacken. Dazu passen Salzkartoffeln oder Reis.

Spargel italienisch

Gekochten Stangenspargel auf einer vorgewärmten Platte anrichten. Mit reichlich feingeriebenem Parmesan bestreuen und mit gebräunter Butter übergießen. Dazu gibt's neue Kartoffeln und vielleicht noch ein paar hauchdünne Scheiben Parma-Schinken.

Blü=kohl 20 minuten bedeckt kochen....

Blumenkohl im Käsemantel

1 großer Blumenkohl, Salz, ¼ l Wasser,
2 EL Butter, 150 g Mehl, 4 Eier, 1 TL Muskatblüte,
200 g grob geriebener Steppenkäse.

Blumenkohl mit Salzwasser bedeckt 20 Minuten kochen, gut abtropfen lassen, auf eine feuerfeste Platte setzen. Wasser, Butter und ½ TL Salz aufkochen, das Mehl hineinschütten, rasch zu einem glatten Kloß verrühren. Abseits vom Herd nach und nach die Eier, Muskat und Käse unter den Teig rühren. Den Blumenkohl mit diesem Teig überziehen, bei 200 Grad in den vorgeheizten Backofen geben und etwa 20 Minuten backen. Mit einer leichten Tomatensoße oder etwa Bratensaft reichen.

Auberginen überbacken

Auberginen längs in dünne Scheiben schneiden, mit Salz bestreuen und nach 10 Minuten in Küchenkrepp trockentupfen. Kurz in Mehl wenden und in Olivenöl von beiden Seiten hellbraun braten. Mit entkernten Tomatenschnitzen in eine flache Auflaufform schichten und mit dicken Scheiben Butterkäse zudecken. Mit Semmelbröseln, Butterflöckchen und geriebenem Parmesan bestreuen und bei 175 Grad in den vorgeheizten Backofen stellen. 20 Minuten backen. Schmecken zu Salzkartoffeln oder Reis ganz besonders gut.

Gebackene Kartoffelfächer

Mit grünem Salat in Joghurtsoße eine komplette Mahlzeit

1 kg mittelgroße Kartoffeln, 1 TL Salz,
¼ TL Pfeffer, ¼ TL gemahlener Kümmel,
2 EL Butter, 150 g Edamer.

Kartoffeln schälen und so in dünne Scheiben schneiden, daß sie an der Breitseite noch zusammenhalten. In eine flache, feuerfeste Form setzen, würzen und mit Butter bestreichen. Bei 200 Grad in den vorgeheizten Backofen stellen und 30 Minuten backen. Mit grob geriebenem Edamer bestreuen und 10 Minuten überbacken.

Fleisch und Fisch plus Käse

So manches Gericht mit Fleisch oder Fisch erfährt eine wundersame Verwandlung, wenn wir es mit Käse kombinieren. Klassisches Beispiel dafür: das Cordon Bleu, das weltweit berühmt und geschätzt ist.

Cordon Bleu

heißt Blaues Band und ist eigentlich ein Orden, den die Köchin der Dubarry von Ludwig XV. verliehen bekam. Seitdem steht dieser Name auch für begnadete Meisterköchinnen in Frankreich.

4 Kalbsschnitzel á 125 g, 2 Eier, ½ TL Salz, 2 EL Milch, etwas Mehl, 125 g Greyerzer oder Emmentaler, 4 dünne Scheiben gekochter Schinken, Semmelbrösel, etwa ⅛ l Öl, 2 EL Butter, 4 dünne Zitronenscheiben, Rosenpaprika.

Schnitzel flachkopfen, bis sie nur noch ½ cm dick sind. Eier, Salz und Milch verquirlen, das Fleisch *auf einer Seite damit einpinseln.* Etwas Mehl darübersieben. Käse in 4 gleichgroße Streifen schneiden, in den Schinken einwickeln. Auf die eine Hälfte des Schnitzels legen, die andere darüberschlagen und fest andrücken. Das gefüllte Fleisch nacheinander in Mehl, verquirltem Ei und Semmelbröseln wenden. Die Panade fest andrücken und die Schnitzel nebeneinanderliegend 1 Stunde gut durchkühlen. Öl und Butter in einer schweren Pfanne über Mittelhitze erwärmen, bis sie hell gebräunt sind. Schnitzel hineinlegen und 15 Minuten braten, dabei öfter wenden. Danach auf Küchenkrepp abfetten und anrichten. Mit Zitronenscheiben, die mit Rosenpaprika bestäubt wurden, verzieren.

Filetröllchen Gouda

350 g Rinderfilet in 12 Scheiben, ½ TL Pfeffer, 12 dünne Scheiben durchwachsener Räucherspeck, 2 EL Butter, 250 g mittelalter Gouda, etwas Salz.

Filetscheiben mit Pfeffer bestreuen. Speck in einer schweren Pfanne knusprig ausbraten, aus dem Fett nehmen. Butter hineingeben und aufschäumen lassen. Filetscheiben darin über starker Mittelhitze auf jeder Seite ½ Minute braten. Gouda in dicke Stäbchen schneiden und in die Filets einrollen. In eine feuerfeste Form setzen, leicht salzen und mit den Speckscheiben belegen. Bei 200 Grad in den vorgeheizten Backofen geben und noch 10 Minuten überbacken. Dazu Risi Bisi, Reis mit Erbsen gemischt, essen.

Schnitzel flachklopfen. Das Fleisch auf einer Seite einpinseln!

...im Schmortopf bis es zu rauchen beginnt

Stifado
Ein köstlicher Fleischtopf aus Griechenland

750 g Rinderhüfte, 6 EL Öl, ½ l Wasser,
80 g Tomatenmark, 2 EL Rotweinessig,
je ½ TL Salz, schwarzer Pfeffer und Zimt,
1 Messerspitze gemahlener Kümmel,
500 g Schalotten oder kleine Zwiebeln,
50 bis 100 g Schafskäse.

Fleisch in 4 cm große Würfel schneiden. Öl im Schmortopf über starker Mittelhitze erhitzen, *bis es zu rauchen beginnt*. Dann Fleisch hineingeben, ringsum braun anbraten und wieder herausheben. Das Wasser in den Topf gießen und mit dem Fond verkochen. Tomatenmark, Essig und die Gewürze hineingeben und gut verrühren. Das Fleisch in die Soße geben, über sanfter Hitze zugedeckt leise schmoren lassen.
Inzwischen Zwiebeln schälen, nach 1 Stunde hinzufügen und weitere 30 Minuten mitschmoren. Schafskäse in kleine Würfel schneiden, kurz vor dem Servieren unter das Gericht mischen und schmelzen lassen.

Herzhafte Grillwürstchen
Praktisch für eine Party mit vielen Gästen

Frankfurter oder Wiener Würstchen längs tief einschneiden und mit einer Mischung aus Ketchup und mittelscharfem Senf (halb und halb) dünn ausstreichen. 1 cm dicke Goudastreifen hineinbetten und jedes Würstchen mit einer Scheibe Frühstücksspeck umwickeln. Dicht aneinander in eine feuerfeste Form oder auf das Backblech legen. Etwa 20 Minuten vor dem Servieren in den vorgeheizten Backofen geben und bei 175 Grad überbacken, bis der Käse zu schmelzen beginnt.

Schol uit de Oven
Schollenfilets Niederländisch

600 g Schollenfilets, 1 TL Salz, 1 EL Zitronensaft,
etwas Mehl, ¼ TL geriebene Muskatnuß,
¼ TL Dillsamen, ¼ TL schwarzer Pfeffer,
etwa 3 EL Butter, 8 hauchdünne Scheiben
Frühstücksspeck, je 3 EL gemahlene Mandeln,
geriebener alter Gouda und Semmelbrösel.

Fisch mit Salz und Zitronensaft einreiben. Nach 30 Minuten in Küchenkrepp trockentupfen und in Mehl wenden, so daß die Filets gleichmäßig von feinem Mehlstaub umgeben sind. Muskat, Dill und Pfeffer mischen, die Schollen ringsum damit bestreuen. Schuppenartig in einer flachen, gebutterten Auflaufform anordnen. Speck knusprig grillen oder braten, über den Fisch decken. Mandeln, Gouda und Semmelbrösel mischen, darüberstreuen. Butterflöckchen daraufsetzen. Das Gericht bei 175 Grad ins obere Drittel des Backofens schieben und etwa 20 Minuten backen, bis die Käsekruste goldbraun und knusprig ist. Dazu gibt es Salzkartöffelchen und Gurken- oder Kopfsalat mit Dill.

Fischgericht Skagen
Eine Spezialität aus dem Norden

200 g Dorschfilet, 200 g Schollenfilet,
1 EL Zitronensaft, ½ TL Salz, 2 EL Butter,
2 EL Mehl, 1 Dose Spargelabschnitte
(netto 300 g), ⅛ l süße Sahne, ¼ TL Muskatblüte,
1 Löffelspitze Cayennepfeffer,
100 g Krabbenfleisch, 75 g geriebener Steppenkäse, Semmelbrösel, Butterflöckchen.

Fisch waschen, in Küchenkrepp abtrocknen und in eine feuerfeste Form betten. Mit Zitronensaft beträufeln, mit Salz bestreuen und im vorgeheizten Ofen bei 200 Grad 10 Minuten garen. Inzwischen Butter und Mehl über mäßiger Hitze verrühren. Spargelbrühe und Sahne dazugeben und aufkochen. Die Soße mit Salz, Muskatblüte und Cayennepfeffer würzen. Spargelstücke und Krabben über die Fischfilets streuen und mit der Soße begießen. Die ganze Oberfläche gleichmäßig mit Käse, Semmelbröseln und Butterflöckchen bedecken. Die Form wieder in den Backofen geben und das Fischgericht noch etwa 20 Minuten überbacken. Dazu schmecken Petersilienkartoffeln.

Allgäuer Nierenschnitten

375 g Kalbsnieren, 2 EL Butter, ¼ TL Salz,
¼ TL Pfeffer, 50 g roher Schinken in feinen Scheiben, 4 Scheiben Weißbrot,
4 Scheiben Chester oder Emmentaler,
etwa 3 mm dick.

Nieren in ½ cm dicke Scheiben schneiden, waschen, in Küchenkrepp trockentupfen. Butter über Mittelhitze in der Pfanne bräunen, Nierenscheiben darin pro Seite 1 Minute braten. Herausnehmen, salzen und pfeffern. Schinken in feine Streifchen schneiden, Bratfett auf die Brotscheiben tropfen. Nieren und Schinken darauf verteilen, mit Käsescheiben zudecken. Überbacken, *bis der Käse zu laufen beginnt.*

bis der Käse zu laufen beginnt. Und dann sofort hinterher!

Knusprige kleine Käse-Kuchen

Ob zum Skatabend mit Bier, zur Plauderstunde bei Kaffee oder einem Schoppen: Kleine Käsekuchen sind dazu immer der richtige Imbiß. Ganz frisch und möglichst warm sollen sie noch sein, wenn es für Sie und Ihre Gäste ein vollkommener Genuß werden soll. Fertiger Blätterteig und einfache Rezepte sorgen dafür, daß das Backen nicht allzu große Mühe macht.

Havarti-Torteletten

50 g gekochter Schinken, 12 Torteletten, 3 Eier, ¼ l süße Sahne, 1 TL Salz, 200 g geriebener Havarti (dänischer Tilsiter).

Schinken fein würfeln und in die Torteletten streuen. Eier, Sahne, Salz und Käse verquirlen, über den Schinken in die Törtchen füllen. Sofort in den vorgeheizten Backofen geben und bei 200 Grad etwa 15 bis 20 Minuten backen. Heiß servieren, nach Belieben als Vorspeise oder kleinen Imbiß zwischendurch.

Blätterteigtaschen
Besonders fein mit Schafskäse gefüllt

1 Paket tiefgekühlter Blätterteig (300 g), 250 g Schafskäse, 1 Ei, 2 EL Sahne-Joghurt, 1 Eigelb, 1 EL Milch, 1 Löffelspitze Salz.

Blätterteig so dünn wie möglich ausrollen und in etwa 8 cm große Quadrate schneiden. Schafskäse gut abgetropft durch ein Sieb streichen und mit Ei und Sahne-Joghurt glattrühren. Eigelb mit Milch und Salz verquirlen, die Teigplättchen damit bestreichen. Je ein Häufchen Käse in die Mitte geben und die Teigstücke dann zu Dreiecken oder Rechtecken zusammenschlagen. Die Ränder mit den Spitzen einer Gabel fest zusammendrücken. Die Teigtaschen mit übrigem Eigelb bestreichen, bei 200 Grad im vorgeheizten Backofen 15 Minuten backen.

Appenzeller Käsekissen

500 g tiefgekühlter Blätterteig, 200 g Appenzeller SWITZERLAND, 2 Eigelb, ½ TL Salz.

Blätterteig rechtzeitig auftauen lassen, danach Scheibe für Scheibe dünn ausrollen. Jede Scheibe noch einmal durchschneiden, so daß etwa 10 cm lange Rechtecke daraus entstehen. Appenzeller grob raspeln und auf die Teigplätzchen verteilen. Eigelb mit Salz und 2 EL Wasser verquirlen, die Teigränder damit einpinseln. Die Rechtecke zu kleinen Päckchen zusammenschlagen und die Ränder mit den Spitzen einer Gabel zusammendrücken. Die Oberfläche mit dem übrigen Eigelb bestreichen. Bei 250 Grad in den vorgeheizten Backofen geben und in etwa 10 Minuten knusprig goldgelb backen.

Pizza und andere pikante Kuchen

Sie stehen hoch im Kurs, wenn wir unsere Gäste mal auf besondere Art verwöhnen möchten. Noch warm serviert, reizt schon ihr Duft zum Zugreifen, und ihrem köstlichen Wohlgeschmack können wir schon gar nicht widerstehen. Je nach Tageszeit sind kühle Milch, warmer Milchkaffee oder Bier und Wein die passenden Getränke, die pikante Käsekuchen zu einem Genuß ohne Reue machen.

Quiche Lorraine
Lothringer Specktorte, die wir auch mit Mürbeteig zubereiten können

300 g tiefgekühlter Blätterteig,
125 g Schinkenspeck in Scheiben,
250 g Emmentaler, 3 Eier, ¼ l Milch, 1 EL Mehl,
¼ TL Pfeffer und Muskat.

Blätterteig aufgetaut etwas ausrollen und eine Springform damit auslegen. Dabei die Teigränder gut zusammendrücken und einen 3 cm hohen Rand stehen lassen. Speck und Käse in Scheiben hineingeben und mit einer Eiermilch aus den übrigen Zutaten übergießen. Bei 225 Grad in den vorgeheizten Backofen geben und 30 Minuten backen. Am Abend zu einem Glas Weißwein aus dem Elsaß anbieten.

Käsepizza
Mit italienischem Rotwein ein voller Genuß

20 g Hefe, 1 TL Zucker, ½ TL Salz, 375 g Mehl,
4 EL Öl, ¼ l warmes Wasser,
500 g Fleischtomaten, 350 g Gouda oder Edamer, 200 g Salami, 1 TL Oregano oder Thymian, ½ TL grober schwarzer Pfeffer.

Hefe, Zucker und Salz glatt verrühren. Mehl, Öl und Wasser abwechselnd hinzufügen, einen glatten Teig kneten. Etwa ½ cm dick rund ausrollen, auf ein bemehltes Backblech legen.
Tomaten kurz in kochendes Wasser tauchen, abziehen, vierteln, entkernen und in Streifen schneiden. Käse und Salami ebenfalls in Streifen schneiden. Auf dem Teigboden verteilen, mit Tomatenstreifen, Gewürzen und etwas Salz bestreuen. Bei 200 Grad in den vorgeheizten Backofen geben und etwa 20 Minuten backen.

Käsekuchen vom Blech
Noch warm zu einer Tasse Milchkaffee versuchen!

250 g Mehl, 250 g Samsö oder ein anderer Emmentaler, 6 Eier.

Mehl und geriebenen Käse mischen. Eier bis auf ein Eigelb nach und nach in den Teig arbeiten. Ihn zwischen Klarsichtfolie fingerdick ausrollen. Auf ein gefettetes Backblech legen, mit verquirltem Eigelb bestreichen und bei 175 Grad in den vorgeheizten Backofen geben. In etwa 30 Minuten goldbraun backen.

Kräuter-Käsekuchen
Noch heiß mit frischem Salat am besten

250 g Weißbrot, ½ l Milch,
4 Ecken Kräuter-Schmelzkäse, 4 Eier, 80 g Mehl,
½ TL Salz, ¼ TL gemahlener Kümmel.

Weißbrot in feine Scheiben schneiden, in eine flache, feuerfeste Schüssel legen. Milch erhitzen, Kräuterkäse darin verrühren. Eier, Mehl und Gewürze verquirlen, die Käsemilch nach und nach dazurühren. Über die Brotscheiben gießen, 10 Minuten stehen lassen. Die Form bei 225 Grad in den vorgeheizten Backofen geben und den pikanten Käsekuchen in etwa 30 Minuten goldgelb backen *und mit viel frischem Kopfsalat anrichten.*

Käse-Brioches
Herzhafte Brötchen – köstlich zu jeder Tageszeit

1 Würfel Hefe, 2 EL Zucker, 1 TL Salz,
¼ l lauwarme Milch, 2 Eier, 550 g Mehl,
125 g weiche Butter, 150 g geriebener alter Gouda, 1 Eigelb, 1 EL süße Sahne.

Hefe in eine Rührschüssel bröckeln, mit Salz und Zucker verrühren. Milch, Eier, Mehl, Butter und Käse abwechselnd hinzufügen und mit dem Knethaken des Handmixers bearbeiten, bis der Teig ganz glatt ist und sich vom Rand der Schüssel löst. Eine 5 cm dicke Rolle daraus formen und ebenso große Stücke davon abschneiden. Jedes Stück zu einer Kugel rollen. Dann ¼ der Teigmasse zu einer kleinen Kugel abdrehen, ohne sie abzutrennen. Die so entstandenen Doppelkugeln in gebutterte Tortelettförmchen oder ähnlich geformte Aluschalen setzen. Eigelb mit Sahne verquirlen, die Brioches damit bestreichen. Bei 200 Grad in den vorgeheizten Backofen schieben und etwa 25 Minuten backen.

Käsehörnchen
Frisch und noch warm servieren

250 g Magerquark, 6 EL Milch, 1 Ei, 1 Eigelb,
½ TL Salz, 8 EL Öl, 500 g Mehl,
1 Päckchen Backpulver, etwa 10 Scheiben mittelalter Gouda, süße Sahne.

Quark mit Milch, Eiern, Salz und Öl glatt verrühren. Mehl mit Backpulver mischen, nach und nach unter die Quarkcreme rühren. Restliches Mehl in den Teig kneten, diesen dünn ausrollen, in etwa 14 cm große Quadrate schneiden und mit kleinen Käsescheiben belegen. Schräg zu Hörnchen aufrollen, etwas rund biegen und auf ein gefettetes Backblech legen. Mit süßer Sahne bestreichen, bei 200 Grad in den vorgeheizten Backofen geben und 15 bis 20 Minuten backen.

... und mit viel frischem Kopfsalat anrichten ...

Zartes Knabbergebäck zum Naschen

Ein Schälchen davon reizt meinen Appetit, auch wenn ich gerade gegessen habe. So verlockend ist zartes Knabbergebäck mit Käse, mildwürzig bis herzhaft. Es schmeckt am besten frisch aus dem Ofen, kann aber auch bis 14 Tage in fest geschlossenen Dosen aufbewahrt und kurz vor Gebrauch wieder aufgebacken und zu neuer Aromafrische erweckt werden.

Chesterstangen
Zartes Käsegebäck, das feine Suppen und edlen Wein stilvoll begleitet

60 g kalte Butter, 4 EL feingeriebener Chester, 75 g Mehl, 1/8 TL Cayennepfeffer, 1/4 TL Salz, 1 Eigelb, 2 EL Eiswasser.

Butter mit dem Messer in kleinste Stückchen schneiden, auf die Arbeitsplatte geben. Locker mit den trockenen Zutaten mischen, Eigelb und Eiswasser auf die Mitte geben. Alles mit dem Hackmesser bearbeiten und so mischen. Zum Schluß rasch mit den Händen zu einem glatten Teig kneten. Leicht mit Mehl bestäuben, einwickeln und 1 Stunde durchkühlen. Den kühlen Teig auf bemehlter Fläche 1/2 cm dick ausrollen. In 1 cm breite und 10 cm lange Streifen schneiden und diese zur Spirale gedreht auf ein ungefettetes Backblech legen. Bei 200 Grad in den vorgeheizten Backofen geben und in etwa 10 Minuten goldgelb backen. Fest verschlossen bis 2 Wochen aufbewahren.

Zwiebelkrüstchen
Ein herzhafter Genuß für den Bierabend

300 g Zwiebeln, 3 EL Mehl, 3 Eier, 2 EL saure Sahne, 100 g mittelalter Gouda, 1/2 TL Salz, 1/2 TL Pfeffer, Butter zum Backen.

Zwiebeln schälen, fein würfeln. Mehl, Eier und Sahne glatt verquirlen. Zwiebelwürfel und geriebenen Käse daruntermischen. Den Teig salzen und pfeffern. Butter in einer nicht haftenden Pfanne über guter Mittelhitze hell bräunen, mit einem Teelöffel Teig hineingeben und so kleine Plätzchen backen, die von beiden Seiten schön goldgelb werden sollen. Zwiebelkrüstchen warm oder kalt servieren, nach Belieben kurz im Ofen aufbacken.

Käse-Mürbgebäck

250 g Mehl, 200 g Butter, 1 Ei, 200 g geriebener Bergkäse oder alter Gouda, 1 Eigelb, 1 EL süße Sahne, 1/4 TL Salz, Mohnsaat, Kümmel, grobes Salz.

Mehl, kalte Butter, Ei und geriebenen Käse auf die Arbeitsplatte geben. Mit dem Pfannenmesser hackend bearbeiten, bis eine feinkrümelige Masse entstanden ist. Dann rasch mit den Händen einen glatten Teig kneten. Ihn 30 Minuten kühlen, auf bemehlter Fläche dünn ausrollen und in beliebige Formen ausradeln oder ausstechen. Auf ein ungefettetes Backblech legen. Eigelb, Sahne und Salz verquirlen, die Plälzchen damit bestreichen. Mit Mohn, Kümmel oder Salz bestreuen und bei 200 Grad in den vorgeheizten Backofen geben. In etwa 10 Minuten goldgelb backen. Frisch oder kurz aufgebacken zu Wein oder Bier knabbern.

Mini-Windbeutel mit Krabbensoße

¼ l Wasser, 1 Löffelspitze Salz, 65 g Butter, 150 g Mehl, 3 Eier.
Creme: 50 g weiche Butter, 250 g Magerquark, ¼ TL Salz, 1 Löffelspitze Cayennepfeffer, 2 EL Tomatenketchup, 1 TL Zitronensaft, 1 EL Weinbrand, 100 g geriebener, mittelalter Gouda, 125 g Krabbenfleisch, 1 Bund Dill.

Wasser, Salz und Butter aufkochen. Mehl hineinschütten, zu einem glatten Kloß rühren. Abseits der Hitze die Eier nacheinander in den Teig rühren. Davon winzige Häufchen auf ein bemehltes Backblech setzen. Bei 200 Grad in den vorgeheizten Backofen geben und in etwa 25 Minuten goldgelb backen. Danach sofort aufschneiden und auskühlen lassen.

Für die Creme Butter, Quark und Geschmackszutaten sahnig rühren. Zum Schluß Krabbenfleisch sehr feingehackt hinzufügen. Ebenso Dill, von den Stengeln gezupft und feingeschnitten. Die Creme abschmecken, in die Windbeutel füllen.

Vatruschki

Russische Käseküchlein, die man auch mit Hefe- oder Mürbteig backen kann

300 g tiefgekühlter Blätterteig, 250 g Frischrahmkäse, 3 Eigelb, je 1 Löffelspitze Salz und Zucker, 2 EL weiche Butter.

Aufgetauten Teig 1 mm dünn ausrollen. Käse, 2 Eigelb, Salz, Zucker und Butter zu glatter Creme verrühren. Gleichmäßig auf den ausgerollten Teig streichen. Mit bemehltem Messer kleine Plätzchen ausschneiden. Sie auf ein feuchtes Backblech setzen und mit Eigelb bestreichen. Bei 175 Grad in den vorgeheizten Backofen geben und 15 Minuten backen.
Vatruschki als Knabbergebäck oder zu Eintopfgerichten wie Borschtsch reichen.

Quark und Käse in süßer Umgebung

Ihnen ist hier nur wenig Platz eingeräumt. Für ganze drei spezielle Rezepte, die ich zum Kosten empfehlen möchte.
Kuchen mit Quark und Süßspeisen mit Quark sind uns allen gute Bekannte. Aus der jüngsten aller Käsesorten zubereitet, kommt er in diesem Buch ein wenig zu kurz. Er mag jedoch einem speziellen Buch vorbehalten bleiben, weil er so vielfältig ist und in der zeitgemäßen Ernährung eine so bedeutende Rolle spielt. Und weil Quark eigentlich nicht das ist, was wir unter Käse verstehen.

Alivenci
Quarkauflauf rumänisch

250 g Magerquark, 1/8 l saure Sahne, 1/8 l süße Sahne, 3 Eier, 1/2 TL Salz, 1 EL Mehl, 1 EL Butter, Puderzucker.

Quark, Sahne, Eier, Salz und Mehl in eine Rührschüssel geben. Mit dem Schneebesen des Handmixers zu sahniger Creme verrühren. Eine Auflaufform mit Butter ausstreichen und mit Mehl bestäuben. Den Quarkteig hineingeben. Bei 175 Grad in die Mitte des vorgeheizten Backofens geben und in etwa 30 Minuten goldbraun backen. Dünn mit Puderzucker bestäuben und sofort servieren. Dazu nach Belieben eine kräftige Obstsoße oder gedünstete Früchte.

Westerwälder Eierkäs

1 l frische Milch, 1 l Sauermilch, 4 Eier, Zimt und Zucker.

Frische Milch zum Kochen bringen. Sauermilch und Eier gut miteinander verschlagen, die heiße Milch dazurühren. Den Topf beiseite stellen und zugedeckt bis zum nächsten Tag stehen lassen. Dann ein weißes, gebrühtes Tuch in einen Durchschlag legen und den Eierkäs hineingeben. Die Molke einige Stunden ablaufen lassen. Eierkäs auf Teller verteilen und mit einer Mischung aus Zimt und Zucker bestreuen.

Kaaspannekoek met stroop
Käsepfannkuchen mit Sirup

3 Eier, 1/4 TL Salz, 250 g Mehl, 1/2 l Milch, Butter zum Backen, 150 g mittelalter Gouda, 6 TL Sirup (Rübenkraut).

Eier, Salz und Mehl verquirlen, dabei nach und nach die Milch hinzufügen. Jeweils etwas Butter in einer nicht haftenden Pfanne über Mittelhitze aufschäumen lassen, etwas Teig darin zerfließen lassen und mit kleinen Käsescheibchen belegen. Wenden, wenn der Teig fest geworden ist. Kurz weiterbacken, mit der Käseseite nach oben auf einen Teller stürzen. Mit Sirup bestreichen, aufrollen und heiß halten, bis alle 6 oder 7 Käsepfannkuchen fertig sind.

Käse schließt den Magen zu

Käse über sich selbst:

Ärzte, die mich nicht verstehn,
Pflegen mich zu hintergehn.
Sagen wohl ich sei zum Schaden
Aus geronn'ner Milch geraten.
Wissen keine Ursach nicht
Und verdrehen den Bericht.
Doch die mich erfahren haben
Und sich täglich an mir laben,
Spüren Güte, Kraft und Wohltat,
Die ihr schwacher Magen hat.
Speist man mich noch vor dem Essen,
Wird die Diarrhöe vergessen.
Ist der Leib in guter Ruh,
Schließe ich den Magen zu.

(Schola Salernitana)

Käse ist morgens Gold,
mittags Silber
und abends Blei.

(Volksweisheit)

Käse vor dem Essen
dem Hunger dien.
Und nach dem Essen
als Medizin.

Käse ist ein wunderlich Ding.
Alles verdaut er,
nur sich nicht!

(Englisches Sprichwort)

Käse als Politikum

Nichts ist schwieriger,
als über ein Volk zu gebieten,
dessen Persönlichkeit sich
durch die Tatsache manifestiert,
mehr als 500 Käsesorten
auf den Markt zu bringen.

(Charles de Gaulle)

Ein Land,
das 325 Käsesorten hat,
ist nicht lenkbar.

(Winston Churchill
über Frankreich)

Gottseidank!
Es gibt ja leider Sachen
die reizend und pikant

Weisheiten – im Umgang mit Käse zu genießen

PST!
Es gibt ja leider Sachen und Geschichten,
Die reizend und pikant.
Nur werden sie von Tanten und von Nichten
Niemals genannt.
Verehrter Freund, so sei denn nicht vermessen,
Sei zart und schweig auch du.
Bedenk: Man liebt den Käse wohl, indessen
Man deckt ihn zu.
(Wilhelm Busch)

Wer erstmal richtig an den Käs gerät,
ihm wie die Maus hinfür nicht widersteht.

Soll der Käse etwas taugen,
hab er nicht zehntausend Augen
wie einst Argus. Auch nicht klein,
breit und dick, so soll er sein!
Kein Methusalem an Jahren
werd er durch zu langes Sparen;
nein, der Büßerin reich an Tränen
soll er gleichen, Magdalenen.
Habakuk einst kochte Brei,
breiig nicht der Käse sei!
Was man liest vom Lazarus,
gelte auch vom caseus:
Dort hört man's im Klageton,
hier als Ruhm: Er stinkt schon.
(Nach Martin Luther)

Käse in Abzählreimen und Spielen

E'n guten alten Käs
dem Schweizerbauer in G'fräß.
Das braucht man in der Schweiz.
(Schweizer Spottvers)

Schulze un Müller jehn in' Laden,
wolln forn Sechser Kese haben.
Forn Sechser Kese jibt et nich,
Schulze und Müller ärjern sich.
(Berliner Spruch)

Spiel, bei dem einer ansagt und der andere mit
»ich auch« antwortet:

Ich jing in den Wald – ich auch
Da jing ich an'n Haus – ich auch
Da jing ich die Treppe rauf – ich auch
Da kloppt ich an de Tür – ich auch
Da jing ich rein – ich auch
Da forderte ich mir'n Kese – ich auch
Un der stank – ich auch!

90 Wer hat den besten Geruch?
Ein Kinderspiel

Eine Gruppe Kinder stellt sich mit verbundenen Augen in einer Reihe auf. Ein einzelnes Kind nimmt einen stark duftenden Gegenstand und hält ihn den Kindern der Reihe nach unter die Nase. Zum Beispiel Käse. Wer den Gegenstand zuerst errät, darf die anderen einen neuen Gegenstand raten lassen. Der ausgeschiedene Mitspieler muß sich jeweils die Augen verbinden und als Letzter in die Reihe stellen.

Gelb ist die Falschheit
und gelb der Chines'.
Und gelb ist vor allem
der Limburger Käs'.

Ein Rätsel:

Am Morgen leichter Flaum,
am Mittag steifer Schaum,
am Abend schwerer Traum.

Was ist das? – Käse!

Nachruf auf einen Unverweslichen
von Rudolf Hagelstange

Er hat nicht wenig mit dem Wein gemeinsam; darum passen sie wohl auch so gut zusammen und halten auch zusammen: indem einer, ausführlicher genossen, oft nach der Gesellschaft des anderen verlangt. Beide sind sie aus gesunden, kalorienhaltigen Naturstoffen gemacht und erzielen ihren Superlativ durch Gärung und Reifung. Sie müssen gewissermaßen außer sich geraten, um aller in ihnen schlummernden Kräfte und Möglichkeiten inne zu werden. Und wenn man etwas weiter gereist ist, weiß man auch, daß es sie nicht überall vom Ursprung her gibt, obwohl wärmende Sonne in den meisten Teilen der Welt ausreichend vorhanden ist – wie auch Rindviecher. In Indien zum Beispiel, wo es beide gibt, ist man zumeist auf Importe angewiesen. In Holland gibt es gute Käse; aber ich weiß nichts von niederländischen Weinen. Möglicherweise haben sich Spanier und Niederländer früher so lange miteinander gerauft, um ...? Aber das ist natürlich Unsinn. Damals ging es um Ideale. Daß die beiden hervorstechenden Wein-Nationen – Frankreich und Italien – auch die einfallsreichsten Käse-Nationen sind, ist ganz gewiß kein Zufall. Wer den Wein liebt, ißt gern Käse, und wer vom Wein reichlich hat, der hat auch genug Fantasie in der Erfindung von Käsesorten. Der Parmesan ist eine geradezu geniale Erfindung, ein wahrhaft geriebener Bursche, selbst wenn man ihn ungerieben genießt. Und wer in italienischen Bauersfamilien »verkehrt«, der weiß auch, daß viele Landschaften ihren eigenen »Parmesan« erzeugen und zur Pasta asciutta oder in der Minestrone nicht entbehren wollen. Zwischen diesem Hartkäse und dem köstlichen Gorgonzola (der auch in jungfräulichem Zustand zu haben ist), gibt es viele Arten und Sorten, und auch jenseits der beiden noch Spielarten eigenwilligster Gestalt, von den Varianten innerhalb einer Spezies ganz zu schweigen. Zwischen einem Provolone picante und einem Provolone dolce zum Beispiel kann ein Unterschied sein wie zwischen einem Callgirl und einem Kommunionkind. Auch die Dänen erringen, ähnlich den Niederländern, unübersehbare Achtungserfolge mit ihren Käsen. Ein dänischer Roquefort ist eine unbestrittene nordische Entsprechung zum Gorgonzola, die sich bei aller Delikatesse nicht gegen die Gesellschaft eines der trefflichen dänischen Biere wehrt. Aber auch ohne Camembert und Brie ist Frankreich das wohl berühmteste und originellste Käseland. Bertold Brecht hat nicht zu Unrecht in der Fülle der Käse-Arten einen unwiderlegbaren Beweis für den hohen Stand der französischen Kultur erkannt. Dennoch gilt meine Sympathie auf diesem Felde der italienischen Kultur, ohne daß ich mir genau Rechenschaft geben könnte über diese Voreingenommenheit. Ich weiß nur, daß die Franzosen die gepflegteren Weine haben, vor allem in der roten Couleur, und daß sie also ein gutes Recht hätten auf entsprechend würzigere Fromages. Aber in Frankreich scheint mir das kernige, körnige Element zu kurz zu kommen. Käse muß sich auch wehren dürfen. Notfalls muß man ihn sogar brechen müssen, meine ich. Wiewohl – – –

Und damit ziehe ich mich auf den Standort des Amateurs zurück, der eben liebhat, befangen ist und zugleich offen für jede Anfechtung, mag sie von einem griechischen oder jugoslawischen Hirtenkäse kommen, einem rumänischen oder bulgarischen. Überhaupt geht dort, wo Schafe und Ziegen ein höheres Ansehen genießen als bei uns, eine neue Käse-Sonne auf, die für den unvoreingenommenen westeuropäischen Besucher eine herzerwärmende Kraft besitzt. Und was den Reiz dieser Land- und Amateur-Käse für mich ausmacht: sie sind nicht genormt, sind sich nicht immer gleich. So wie jeder Jahrgang im Wein mehr oder weniger vom anderen differiert, so gibt es auch immer wieder Varianten und abweichende Nuancen unter den Landkäsen. Es ist wie bei der Handweberei, wie überhaupt in allen Bereichen, wo noch der Mensch nicht von der alles gleich-machenden Maschine abgelöst ist. Darum bin ich nahezu verstimmt und rebelliere innerlich, wenn ich in einem italienischen Dorfladen einem deutschen Schmelzkäse begegne, der zwar zuverlässig gleich schmeckt (wie der daheim), mich aber bei aller Geschmeidigkeit an gedrilltes, nie versagendes preußisches Militär erinnert.

In einem sehr übertragenen Sinn muß Käse für mich nach der Hand schmecken, die ihn erarbeitet, geformt, betreut hat. Und dieses Vorurteil ist ganz gewiß eine Nachwehe aus jenen Kindheitsjahren, da ich die Großmutter in Langenstein bei der Herstellung ihrer köstlichen Harzkäse beobachten konnte: wie sie die mit Kümmelpfeilen durchsetzte Urmasse aus bescheidenem Magerquark würzte und knetete, bis der Käseteig geschmeidig war und die zierlichen, aber erfahrenen Hände die Käse formen konnten, mit denen sich das große hölzerne Brett füllte: ellipsoide Quark-Kontinente en miniature, die dann einige Stunden neben der warmen Grude standen, um gewissermaßen ihrer schlummernden Kräfte inne zu werden. Sie wollte den Harzer auf diese Weise wohl »auf den Weg bringen«, ehe sie die Ballen in den braunen Steintopf bettete, in welchem sie, – neben der Grude immer – von allmählicher Gärung ergriffen, ihrer endlichen Gestalt entgegenreiften. Er hat keinen großen Namen, dieser harzer Land- und Handkäse. Aber seine wachsweichen, mattgoldenen Scheiben auf einem mit Gänsefett bestrichenen Brot nehmen es – für den empfindsamen Kenner – mit den Stars der schmackhaften Zunft auf. Auch hier gibt die handliche oder zumindest handwerkliche Machart den letzten Pfiff.

Wir wollen weder die Milliarde Chinesen, noch die 650 Millionen Inder, weder Araber noch Afrikaner unterschätzen. Aber daß unser kleines Europa mehr als die Hälfte aller in der Welt erzeugten Käse verzehrt, gereicht nicht nur uns zu Ehre und Ansehen, sondern auch dem Phänomen Käse.

Register

Alivenci 86
Allgäuer Käsesalat 41
Allgäuer Käsespatzen 61
Allgäuer Nierenschnitten 78
Angemachter Handkäse 31
Appenzeller Käsekissen 80
Auberginen überbacken 73
Aufbewahrung von Käse 16
Auflauf, Greyerzer 70
Balkan-Salat 37
Bandnudel-Auflauf mit Quark 64
Belgischer Käse 26
Bibbeleskäs 34
Birnen mit Gorgonzola 29
Blätterteigtaschen 80
Blauschimmelkäse 21
Blumenkohl im Käsemantel 73
Boerenkaas Soep 47
Brie 21
Brinza de Braila Frecata 33
Brioches mit Käse 82
Bunter Salat Havarti 40
Butter 9, 10, 11
Butterkäse 20
Butterquark 9
Calciumgehalt 19
Camembert 21
Camembert-Semmel, Lechtaler Art 42
Camembert-Spießchen 29
Carotingehalt 19
Cheddar-Cheese-Soup 48
Cheeseburger 44
Chesterstangen 84
Chicoree, überbackener 71
Cordon Bleu 74
Creme Ohio 30
Croque Monsieur 45
Danablu-Toast-Schnittchen 45
Dänischer Käse 25
Dänischer Käsesalat 37
Deutscher Käse 26
Dressing von Edelpilzkäse 52

Edamer 20f
Edelpilzkäse 21
–, Dressing von 52
Eierkäse, Westerwälder 86
Einfrieren von Käse 18
Eiweiß 11
Eiweißgehalt des Käses 19
Elsker dig 59
Emmentaler 21
Emmentaler Käsebutter 31
Emmentaler Käserösti 63
Errötende Käsecreme 52
Fettgehalt in der Trockenmasse 19
Feuchtigkeitsgehalt der Käsemasse 19
Filata-Käse 24
Filetröllchen Gouda 74
Fischgericht Skagen 78
Florentiner Soße 52
Fondue, Mainzer Art 67
–, Schweizer Art 66
Französischer Käse 26
Französische Zwiebelsuppe 50
Frischkäse 20
Gebackene Kartoffelfächer 73
Gebratene Käseschnitten 44
Genfer Kartoffelgratin 69
Geräucherter Käse 12
Gewürzter Käse 11
Glarner Knöpfli 61
Golden Buck 44
Gorgonzola, Birnen mit 29
Greyerzer Auflauf 70
Grillwürstchen, herzhafte 77
Grüne Soße Pesto Genovese 54
Halver Hahn 33
Handkäse, angemachter 31
Handkäse mit Musik 34
Hartkäse 21
Havarti-Torteletten 80
Hefepilze 15
Herzhafte Grillwürstchen 77
Italienischer Käse 25

93

Kaaspannekoek met stroop 86
Kartoffelfächer, gebackene 73
Kartoffelgratin, Genfer Art 69
Kartoffelpuffer mit Käse 60
Kartoffel-Soufflé 63
Käse, Aufbewahrung von 16
–, Einfrieren von 18
–, Eiweißgehalt des 19
–, geräucherter 12
–, gewürzter 11
Käse-Bananen-Toast 43
Käsebissen, schwarze 29
Käse-Brioches 82
Käsebrötchen, sizilianische 43
Käsebruch 15
Käsebutter, Emmentaler Art 31
–, Thurgauer Art 31
Käsecreme 52
–, Paprikaschoten mit 29
Käse-Croutons Provençales 45
Käse-Datteln 29
Käse-Eier mit Schnittlauch 58
–, Scheveninger Art 59
Käse-Eierkuchen, überbackene 58
Käse-Eierstich 50
Käsefondue nach Schweizer Art
Käsegeschichte 9f
Käseherstellung 13f
Käsehörnchen 82
Käsekissen, Appenzeller Art 80
Käseknödel 60
Käse-Krautsalat 38
Käsekuchen vom Blech 81
Käsekugeln, pikante 30
Käseländer 25f
Käse-Mürbgebäck 84
Käsenüßchen 31
Käse-Obstsalat 38
Käse-Omelette 58
Käseparty 18
Käsepizza 81
Käseplatte 18

Käsequark, roter 36
Käse-Rahm-Soße 54
Käserinde 15
Käserösti, Emmentaler Art 63
Käse-Rührei 59
Käsesalat, Allgäuer Art 41
–, Berlin 38
–, dänischer 37
–, Tessiner Art 40
–, Waldorf 37
Käse-Schlagsahne 30
Käseschnitten, gebratene 44
–, Waadtländer Art 42
Käseschnitzel Alkmaar 67
Käsesorten 15f
Käsesoufflé 69
Käsespatzen, Allgäuer Art 61
Käsesuppe mit Spinat 48
–, »Schlag Zwölf« 48
Käsetoast Williams 43
Käseverordnung 19
Kochkäse 22, 24
Krabbentoast mit Schneehaube 45
Kräuterfrischkäse 10
Kräuter-Käsekuchen 82
Kräuterquark-Käse 34
Kräutersoße, Schabziger Art 56
Lab 11, 15
Labkäse 9
Labquark 9
Lake-Käse 24
Lechtaler Camembert-Semmel 42
Limburger 22
Limburger Salat 40
Liptauer 36
Lymphe 11
Magermilch 15
Mainzer Fondue 67
Makkaroni-Salat 41
Milchkühe 11
Milchsäure 15
Milchsäurebakterien 15

Minestra del Paradiso 47
Mini-Windbeutel mit Krabbensoße 85
Molke 9, 11, 15
Molkereischulen 14
Mozzarella in Carozza 42
Mürbgebäck mit Käse 84
Niederländischer Käse 26
Nierenschnitten, Allgäuer Art 78
Obatzta 36
Paprikaschoten mit Käsecreme 29
Paprikasoße italienisch 54
Pfirsich-Käse-Salat 41
Phosphorgehalt 19
Pikante Käsekugeln 30
Pistou 56
Plente mit Fricca 63
Porree mit Schinken und Käse 71
Quark 9, 20
–, Bandnudel-Auflauf mit 64
Quarkbutter 10
Quarkpfannkuchen 59
Quiche Lorraine 81
Raclette du Valais 67
Rahmfrischkäse 16
Ramequin 70
Reibkäse 11
Roquefort-Mousse 30
Roter Käsequark 36
Sahne 15
Salat Havarti, bunter 40
Salzbad 15
Sauce-Avignon 54
Sauce Mornay 56
Sauermilchkäse 9, 15, 22
Schabziger Kräutersoße 56
Scheveninger Käse-Eier 59

Schimmelpilze 15
Schmelzkäse 22
Schol uit de Oven 77
Schwäbische Lumpensuppe 33
Schwarze Käsebissen 29
Schweizer Käse 25
Schweizer Käsefondue 66
Sennerbrot 34
Sizilianische Käsebrötchen 43
Sommersalat Wilster 40
Soufflé mit Käse 69
Spaghetti Carbonara 61
Spargel italienisch 71
Spargeltoast 43
Stifado 77
Süßmilchkäse 15
Tessiner Käsesalat 40
Thurgauer Käsecreme 31
Tilsiter 20f
Tomaten-Risotto 60
Tomaten-Schnitten 44
Überbackene Auberginen 73
Überbackene Käse-Eierkuchen 58
Überbackener Chicoree 71
Vatruschki 85
Vitamine 19
Waadtländer Käseschnitten 42
Wärme 15
Weichkäse 16
Welsh Rabbits 43
Westerwälder Eierkäs 86
Würze 15
Ziger 24
Zuppa alla Pavese 48
Zwiebelkrüstchen 84
Zwiebelsuppe, französische 50

Was muß das für ein Kochbuch sein,
für das ein Truman Capote das Vorwort schrieb, für
das ein Tomi Ungerer, ein Milton Glaser, ein Kurt Halbritter, ein Walter Schmögner
sowie zwanzig andere Künstler Illustrationen beisteuerten?

Myrna Davis
Kartoffel Kartoffel
Ein ungewöhnliches
Rezeptbuch
mit ungewöhnlichen
Zeichnungen

Mosaik Verlag

Ideal zum Verschenken

Das ist das originellste Kartoffel-Buch der Welt,
ein Kochbuch voller Geschichten,
voller Weisheiten, voll Witz und voll Charme.

Mosaik Verlag